청소년이 정치를
꼭 알아야 하나요?

청소년이 정치를
꼭 알아야 하나요?

La politique
expliquée à nos
enfants

미리암 르보 달론 지음 | **이정은** 옮김

글담출판

너희들은 정치에 대한
비판적인 이야기를 많이 들어 왔을 거야.
하지만 정치는 어느 한 사람의 일이 아니라
우리 모두의 일이란다.

정치는 어른만의 것이 아니야
청소년의 생활 자체가 정치란다

사람들은 보통 정치가 자기 일이 아니라고 생각해. 그래서 "나는 정치에 관심 없어." "나는 정치 같은 거 몰라." 하고 말하며 회피하거나 모르쇠로 일관해. 각자 회사 일이나 가족 일에만 신경 쓸 뿐, 정치는 정치가들이 알아서 하도록 내버려 둔다는 식이야. 어른들부터 이런 식이니 청소년은 더욱 정치에 참여할 필요가 없다고 생각할지도 모르겠어.

하지만 정치는 단순히 정치가만 신경 쓴다고 해서 되는 일이 아니야. 함께 살아가는 우리 모두가 관심을 기울여야 하는 일이지. 정치는 우리가 나중에 커서 무엇이 될지, 어디에서 살지 하는 문제부터 시작해서 살아가는 방식 전체에 큰 영향을 미쳐.

너희들은 아주 어릴 때부터, 특히 학교에 입학하자마자 다른 사람들과 함께 생활하는 방식을 배워. 자기도 모르는 사이에 정치의 기초를 배우기 시작하는 거지. 또래 친구들과 생활하면서 경험하는 친구와의 차이, 불의, 불평등, 책임 같은 것들은 앞으로 너희가 겪게 되는 정치적 문제에 대한 예행 연습이 되어 줄 거야.

무슨 말이냐고? 학교에서는 공부만 하는 게 아니야. 선생님과 친구들과 지내면서 사회적이고 정치적인 현실을 배우게 되지. 의견이 맞지 않는 친구들과 뜻을 모아야 하거나 모두 함께 행동해야 하는 상황을 접하기도 해. 이 과정에서 서로의 생각을 표현하고, 의견을 모으고, 생각을 실천하는 방법을 배워 나가지. 이것이 바로 정치의 시작이란다. 정치라고 하면 어른들의 일, 어려운 일이라고 생각하기 쉽지만, 이미 너희들과 항상 함께 있는 거지. 쉽게 말해 학교에서 하는 민주적인 반장 선거나 다수결로 결정하는 방식도 정치고, 친구를 사귀는 일이나 선생님께 양해를 구하는 일도 정치 활동이야. 즉 학교생활, 배우고 가르치는 일, 가족과 친구 관계, 직업 찾기 등 청소년의 삶 자체가 정치 활동이란다. 그러므로 정치는 어른들뿐만 아니라 청소년들도 꼭 알아야 해.

그런데 이렇게 함께 살아가며 토론하고 해결점을 찾아가는 것이 정치라면, 왜 사람들은 정치에 대해 나쁜 말만 하는 걸까? 게다가 정치만으로는 실업자가 늘어나는 걸 막을 수 없고, 정치인들은 매우 무능해 보여. 그래서 우리는 정치가들을 좋지 않게 생각하지. 이건 정말 안타까운 일이야. 정치는 우리 공동생활을 유지하기 위한 활동인데, 모두가 실망하고 불만을 늘어놓기만 하니 말이야.

대체 어디에 문제가 있는 걸까? 이 원인을 파악하기 위해서는 먼저 정치가 무엇을 뜻하는지 정확히 알아야만 해. 사람들이 쉽게 말하는 것처럼 보여도 정치란 매우 복잡한 개념이란다. 하지만 그 뜻을 분명히 살피고 무엇이 문제인지 깨닫게 되면 정치가 무엇인지 조금은 알 수 있을 거야. 막연했던 정치가 가까워지고, 너희가 무엇을 하면 좋을지도 자연스럽게 알게 될 거야. 그리고 그것이 결국은 너희를 위하는 일이라는 것도 말이지.

이 책은 내 두 손녀의 도움으로 탄생했어. 한 명은 아직 어린 여덟 살이고 다른 손녀는 열네 살, 그러니까 청소년이지. 내 손녀들이 한 질문이 이 책의 시작점이자 재료가 되어 책의 방향을 정하고 책 전개를 잡아 주었어.

　내 이야기에 주의 깊게 귀 기울여 주고 적절한 질문과 반박을 해준 큰 손녀 사라에게 특히 고맙다는 말을 하고 싶어. 내가 이 어려운 주제에 대해 설명하기 위해 애쓰는 내내 사라가 한 질문이 길잡이가 되어 주었거든. 이제부터는 너희의 질문을 기다릴게. 한번 시작해 봐!

　　　　　　　　　　　　　　　　미리암 할머니가

정치는 우리 모두가
'살아가는 방식'을 결정해.

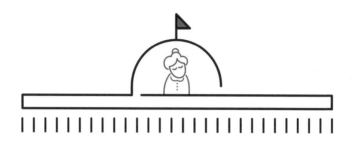

차례

들어가는 말　정치는 어른만의 것이 아니야
　　　　　　　청소년의 생활 자체가 정치란다 ◦ 5

제1장　　**정치는 언제 시작되었나요?**

　　　　　정치를 발명했다고요? ◦ 15
　　　　　정치는 시민의 것이라고요? ◦ 20
　　　　　대장이 필요하단 말이죠? ◦ 24
　　　　　권력은 관계라고요? ◦ 30

제2장　　**청소년도 정치를 알아야 하나요?**

　　　　　경제랑 정치가 무슨 상관이에요? ◦ 43
　　　　　잘 살기 위해 정치를 한다고요? ◦ 46
　　　　　정치는 좋은 삶의 일부인 거지요? ◦ 49
　　　　　권리도 타고나나요? ◦ 53

제3장　정치의 모양은 참 다양하네요!

체제가 대체 뭐예요? ·59

선거는 어떻게 치러요? ·65

행정부, 입법부, 사법부가 하는 일은요? ·70

권력이 권력을 막는다고요? ·73

정당은 무슨 일을 해요? ·78

제4장　정치 활동이 직업이 될 수도 있다고요?

정치 전문가가 생겨났다고요? ·87

민주주의를 실천하는 방법은요? ·91

지도자를 선택하는 기준은요? ·95

기권하는 것도 정치 참여라고요? ·105

새로운 참여 방식이 필요해요! ·110

제5장　민주주의가 해답인가요?

민주주의는 왜 비판받나요? ·117

민주 독재는 위험해요! ·123

세계화가 민주주의를 위협한다고요? ·128

할머니, 그래도 민주주의예요? ·132

제1장

정치는
언제 시작되었나요?

정치라는 단어는 '폴리스^{polis}'에서 왔단다.
그리스어로 '도시국가'를 뜻하지.
바로 그리스 사람들이 정치라는 단어와
그 말의 의미를 처음으로 만들어 낸 거야.

정치를 발명했다고요?

■ 이해할 수 없는 게 있어요. 사람들은 끊임없이 정치에 대해 말해요. 굉장히 중요한 일이라도 되는 것처럼요. 그런데 동시에 정치에 대해서 나쁜 이야기만 해요. 정치가들은 '부패'했고 시스템 안에서 기계적으로 일할 뿐 사람들의 삶은 전혀 돌보지 않는다고요. 우리는 이에 대해 문제 제기를 하거나 고칠 수 없는 것처럼 보여요.

이런 상황에서 우리가 왜 정치를 알고 관심을 가져야 하죠? 차라리 정치에 관심을 두지 않고 그냥 우리 삶만 챙기며 사는 것이 낫지 않나요?

▶ 정치에 관심을 가지고 그에 대한 이야기를 하는 것만이 '정치를 한다'는 뜻은 아니야. 정치가가 되어 정치를 직업으로 삼는다는 의미는 더더욱 아니지.

오늘날 정치에 대한 사람들의 시선이 그리 곱지 않다는 네 말은 일리가 있어. 우리는 정치를 경계하고 비판하느라 오랜 시간을 보내. 하지만 그 전에 우리가 왜 이토록 정치에 대해 부정적인 건지 먼저 되짚어 볼 필요가 있어.

■ 알겠어요. 하지만 저는 정치란 것이 항상 존재해 왔는지, 그냥 정치 없이는 살 수 없는 건지 궁금해요. 정치라는 게 모든 사회에 존재하나요?

▶ 지금 네 질문에는 여러 의미가 들어 있어. 너는 지금 모든 사회에서 정치가 이루어지고 있는지 뿐만 아니라 정치가 어떻게 시작되었는지를 묻고 있는 거란다. 이 질문에 답하려면 일단 정치가 무엇인지 정의해야 해. 우리가 평소 그 말을 자주 쓴다고 해서 그 뜻을 정확히 알고 있는 것은 아니거든.

■ 그게 무슨 말이지요?

▶ 가령 네가 처음에 사람들이 정치에 대해 끊임없이 이야기하면서도 나쁜 말만 한다고 했어. 그게 정확히 무슨 뜻일까? 정치하는 사람, 국회의원, 장관, 대통령과 같은 전문 정치인을 말하는 걸까, 아니면 정치 그 자체를 말하는 걸까? 혹은 권력을 가지고 싶어 하는 정치 '전문가' 또는 '직업인'에 대해 말하는 걸까, 아니면 법과 규칙을 갖춘 조직, 즉 정부의 보호 아래 생활하는 시민인 우리 모두에 대해 말하는 걸까? 엄밀히 말해서 이런 것들을 다 똑같다고 할 수는 없단다.

■ 좀 더 자세히 설명해 주세요.

▶ 그러니까 우리 인간은 단순히 혼자서, 혹은 가족과 함께 자기 일만 돌보며 살아가는 존재가 아니야. 많은 사람이 공존하는 커다란 사회의 일부란다.

쉽게 말하면 가족 또는 친지와 함께 나만의 삶을 살아가면서도 우리가 모르는 아주 많은 사람과 공동생활을 하고 있는 거지. 그리고 언어, 건강, 주거 같은 것들은 우리가 다른 사람들과 함께 살아갈 수 있도록 교육, 문화, 생각을 나눌 수 있게 해줘.

우리는 이를 '공유재^biens communs'라고 부르는데, 그 혜택은 모두가 누려야 한단다. 정치는 바로 이런 공동생활을 조율하는 거야.

■ 사람들이 정치에 대해 이야기할 때 쓰는 의미하고는 조금 다른 것 같은데요?

▶ 그 이유는 아마도 우리가 정치라는 단어가 처음 만들어졌을 때의 의미를 잊어버렸기 때문일 거야. 정치라는 단어의 어원을 되돌아보면 이해가 쉬워진단다.

이 단어는 '폴리스^polis'라는 말에서 왔어. 그리스어로 '도시국가'를 뜻하지. 그러니까 그리스 사람들이 정치라는 단어와 그 말의 의미를 처음으로 만들어 낸 거야. 함께 사는 방식을 새롭게 '발명'한 거지. 오늘날 우리가 사용하는 정치 관련 단어의 어원이 대부분 그리스어인 것도 이 때문이야. 민주주의, 귀족제, 군주제, 전제정치 같은 말이 그렇지.

정치라는 말을 글자 그대로 살펴보면 '도시국가의 일',

'공동의 일'이라는 뜻이야. 시민, 그러니까 자유로운 사람 모두와 관련한 일을 말하지. 이때 시민이라는 말이 '자유로운 사람'을 의미했다는 점을 확실히 짚고 넘어가야 해. 왜냐하면 고대 그리스는 노예제 사회였거든. 노예는 법적인 권리를 빼앗기고 시민 생활에 참여하는 것이 금지되었어. 여자와 '거류 외국인'이라고 부른 외국인 역시 정치 활동에 참여할 수 없었단다.

시민, 그러니까 도시국가의 생활에 참여하며 '정치를 하는' 사람의 수는 상당히 적었지. 노예처럼 다른 사람의 재산이 아니며 오로지 자기 자신의 구속만 받는다는 의미에서 '자유로운 남자'만 시민이 될 수 있었단다. 자기 자신의 구속을 받는다, 다른 사람의 소유가 아니다, 이것이 바로 고대 그리스인이 내린 자유의 정의야.

정치는 시민의 것이라고요?

■ 노예랑 여자랑 외국인은 참여하지 못하는데 어떻게 정치가 모두의 일이라고 할 수 있어요?

▸ 물론 오늘날에는 그런 상황이 용납되지 않아. '인간과 시민의 권리 선언Déclaration des droits de l'Homme et du citoyen, 프랑스 혁명으로 만들어진 인권 선언'을 통해 우리는 모든 인간이 자유롭고 평등한 권리가 있다고 선언했어. 그러고 나서도 2세기가 지나서야 프랑스에서는 여자들에게 투표권을 주었지만 말이다. 외국인에 대한 문제는 더 복잡해. 왜냐하면 우리는 그들을 다

른 나라의 시민이라고 간주하거든. 그들은 비록 다른 나라에서 살고 있어도 자기 나라에 권리를 행사할 수 있어.

그러니까 오늘날과 비교해서 말하자면, 고대 그리스인에게 정치는 도시국가에 사는 모든 사람과 관련한 일이 아니었어. 하지만 자유로운 사람, 공동의 일에 참여하는 사람들만 따진다면 그들은 모두 정치를 한다고 말할 수 있었지. 자신과 관련한 일에 대해 정치적으로 행동하며 살아간다는 뜻에서 말이야. 자유로운 시민은 함께 활동하고 실천했는데, 그건 그저 몇몇 사람만 누리는 특권이 아니었어. 그래서 정치를 한다는 것은 고대 그리스인에게 공동생활에 참여한다는 뜻이었지.

반면 오늘날 우리는 정치에 관한 문제는 대체로 전문가와 정치가, 그러니까 우리 대신 결정을 내리도록 투표해서 뽑은 사람들의 일이라고 생각해. 나중에 다시 말하겠지만, 우리가 이렇게 생각하는 것도 우리 사회와 정치 조직이 고대 그리스 이후 많이 바뀌었기 때문이란다!

■ 그렇군요. 하지만 고대 그리스인이 정치라는 개념을 발명했다면, 고대 그리스 이전에는 정치 없이 살던 사회가 있었

다는 거잖아요? 그 사람들은 어떻게 함께 살아갈 수 있었지요?

▶ 물론 고대 그리스 이전에도 조직을 갖춘 사회가 있었어. 예를 들면 이집트, 메소포타미아, 아시리아 등과 같은 고대 제국이 있었지. 족장에 의해 자치가 이루어지거나 권력이 세습되는 등의 제도나 풍습도 있었어. 이런 사회에서 사람들은 자신이 지도자를 선택할 수는 없었지만 그래도 지도자의 권력에 복종하며 살았단다. 그들에게 지도자의 권력은 당시 사람들에게 절대적인 두려움의 대상이었던 신의 권력과 동등했거든. 그러니까 고대 그리스인이 정의한 정치는 존재하지 않았던 거야.

고대 그리스인에게 정치는 함께 살면서 공동의 활동을 함께하는 시민, 자유로운 사람들이 결정하는 것이었지. 고대 그리스인이 만들어 낸 것은 '행동하는 방식과 실천'이었을 뿐만 아니라 이런 '활동에 대한 생각'이었어. 그들은 공동의 일에 참여하고 함께 행동하며 사는 일에 대해 깊이 고민했어. 그래서 고대 그리스인이 최초로 민주주의를 고안해 냈다고 하는 거야. 출신이나 사회 조건, 지위가 무엇이든 간에 모든 자유로운 사람이 동등한 방식으로 권력을 행사하는 도시국가를 만들어 낸 거지.

■ 정치의 뜻을 정확히 아는 게 왜 중요한지 이제 알 것 같아요. 우리가 흔히 생각하듯 정치는 다른 사람들에게 명령을 내릴 대장을 임명하는 일이기도 하지만, 한편으로는 함께 살아가는 우리 모두와 관련되는 일이기도 한 거군요.

▶ 그렇지. 그런데 그 두 가지 뜻을 조합하는 게 쉽지는 않아. 심지어는 두 뜻이 서로 모순되는 게 아닌가 싶기도 하지…….

대장이 필요하단 말이죠?

■ 우리는 함께 살잖아요. 또한 우리는 모두 자유롭고 동등하기 때문에 함께 행동해요. 이런 게 정치라면 어째서 대장이 필요하지요? 왜 그 사람들한테 복종해야 하지요? 누가 그 사람들한테 명령할 권리를 주지요? 그 사람들의 권력은 어디까지인 거예요?

▶ 아주 근본적인 질문이야. 이번에도 고대 그리스인들의 생각에서 답의 실마리를 찾을 수 있어. 위대한 고대 그리스의 철학자 아리스토텔레스는 '모든 시민이 자유롭고 평등

한 도시국가에서 어떻게 권력을 나눌 수 있을까' 하는 문제
에 대해 깊이 고뇌했어. 시민들의 관계는 왕과 하인의 관계
와는 달라. 권위를 가진 가장과 자녀 간의 관계와도 다르고,
절대 권력을 행사하는 주인과 노예의 관계와도 다르지.

도시국가는 정치 공동체고 그 구성원들 사이의 관계는
평등해서 모두 권력에 똑같이 참여할 수 있어. 하지만 사람
들이 어떻게 권력에 참여할지 그 방법을 궁리하다 보면 문
제가 복잡해진단다. 누가 무슨 일을 하지? 어떻게 조직해서
역할을 분배하지?

■ 모든 사람이 통치하는 건 불가능한 일 같아요.

▶ 네 말이 맞아. 모두가 동시에 통치할 수는 없어. 그래
서 도시국가를 조직할 때 이런 질문을 해야 한단다. '누가
무엇을 하지?' '누가 무엇을 결정하지?' '사람들은 무엇과
누구에게 복종하지?' 이런 질문을 반드시 던지고 여기에 답
해야 해.

도시국가가 평등한 사람들로 이루어진 공동체라고 해서
누구나 아무렇게나 해도 되는 건 아니야. 그러면 국가는 완

벽한 무질서 상태에 빠질 텐데 그런 상황은 계속될 수 없거든. 하지만 매번 똑같은 사람이 명령하고 나머지 사람들은 복종하기만 하라는 법은 없지. 그건 시민 평등의 원칙에 어긋날 테니까. 그렇다면 모든 사람이 차례로 돌아가며 명령하고 복종하는 것이 가장 이상적일 거야. 모든 사람이 권력에 참여하고, 서로 돌아가며 통치를 하고 통치를 받는 거지. 아리스토텔레스가 바로 그런 이야기를 했어.

■ 하지만 그건 불가능하잖아요!

▶ 어째서?

■ 모든 사람이 통치하고 권력을 행사할 능력이 있는 건 아니니까요. 게다가 사람들이 꼭 그런 일을 하고 싶다는 법도 없고요.

▶ 물론이야. 하지만 고대 그리스 사람들은 그런 식으로 생각하지 않았어. 아니, 그 사람들도 그 문제에 대해 의논해 보았지. 그리고 이런 결론에 이르렀어. 모든 시민은 도시국

가에 관련된 일에 대해 자기 의견을 말할 권리가 있고 그럴 능력이 있다고 말이야. 이렇게 생각하면 교체의 원칙이 무슨 뜻인지 이해가 될 거야. 모든 사람이 교대로 명령하고 명령받을 권리가 있다는 거지.

일단 이런 원칙을 세우고 나면 사회를 어떻게 조직할지 논의할 수 있게 돼. 그리고 아테네 사람들이 번갈아 제비뽑기로 행정관들을 임명한 이유도 이해할 수 있지. 그 사람들이 보기에는 그 역할을 맡기 위해서 특별한 능력이 필요한 건 아니었거든.

하지만 몇몇 예외도 있었어. 가령 고대 그리스 사람들은 전쟁을 정말 많이 했는데, 전쟁을 지휘할 사령관이나 나랏돈을 담당할 사람은 따로 임명했지. 이런 일을 하려면 특별한 경험이 필요하다는 것은 그들도 잘 알고 있었거든.

■ 그럼 다른 활동은 시민이라면 누구나 맡아서 할 수 있다는 뜻이에요?

▶ 그렇단다. 이건 오늘날 우리가 잊어버리기 쉽지만 아주 중요한 관점이야. 정치는 모든 사람의 일이며, 정치하기

위해서 특별한 '능력'이 필요한 건 아니라는 생각 말이야.

모든 시민은 자신과 관련된 문제에 대해 생각하고 의논해서 함께 결정 내릴 수 있어. 물론 어떤 문제는 자기 의견을 정하기에 앞서 많은 정보를 알아야 해서 복잡하지만 말이야.

■ 그 말은, 우리도 대통령이나 장관이 될 수 있단 뜻이에요?

▶ 반드시 그렇다는 건 아니야. 하지만 모두가 남의 일이라고 방관하지 않고 같이 고민하는 책임 있는 시민이 될 수 있다는 뜻이란다. 그렇게 되면 우리는 다양하고 많은 능력과 생각, 판단을 한데 모을 수 있을 거야. 이렇게 모은 결과는 단 한 사람의 의견이나 능력보다 훨씬 흥미롭고 가치 있을 테고.

아리스토텔레스는 함께 나누어 먹는 식사를 예로 들었어. 일종의 피크닉 말이야. 사람들이 각자 서로 다른 음식을 가져오면 음식이 다양해져서 더욱 맛있게 식사할 수 있잖니. 그러니까 함께 식사하는 사람들, 즉 도시국가의 시민들이 다 같이 의논하고 생각을 교환하고 어디에서 의견이 일치하지 않는지 이야기를 나누면서 합의에 이르는 거지. 이렇게 하면 한 사람이 혼자 생각할 때보다 더 풍성한 결론에 이를 수 있단다. 어느 한 사람이 아무리 능력이 좋고 똑똑하다 한들 혼자서 모든 분야에 대해 올바르고 합당한 판단을 내릴 수는 없거든. 반대로 여러 사람이 함께 의논하면 보다 나은 결론에 이를 수 있어. 사람들의 의견이 서로 다르더라도 말이야.

■ 알았어요. 그러면 구체적으로 어떻게 해야 하는 거지요?

▶ 우리 사회는 고대 그리스와는 다른 방식으로 움직이지만, 그래도 고대 그리스인들이 정치에 대해 지녔던 사고를 염두에 두어야 한단다. 정치는 무엇보다 '시민의 책임과 참여'라는 생각 말이야. 그런 다음에 우리가 어떻게 이 책임을 실천할 수 있을지 생각해 봐야 하지.

권력은 관계라고요?

■ 할머니, 저는 그동안 정치란 것이 권력을 차지하기 위한 경쟁이라고 생각하고 있었거든요. 그런데 제가 할머니 말씀을 잘 이해했다면 정치랑 권력은 똑같은 것이 아니라는 거잖아요? 그렇다면 정치는 그저 권력을 차지하기 위한 싸움이 아니라는 건가요?

▶ 정치에는 권력을 위한 투쟁이라는 측면도 있어. 고대 그리스에서도 마찬가지였지. 도시국가의 일에 공동으로 참여하는 게 정치라는 생각과 동시에 권력을 위한 투쟁이라고

여기기도 했어.

물론 오늘날 우리는 정치는 권력을 위한 투쟁이라는 명제가 다른 어떤 뜻보다 더 중요하다는 느낌을 받지. 마치 정치라는 것이 오로지 권력을 쟁취하는 일인 것처럼 말이야.

■ 그런데요, '권력'이 정확히 무슨 뜻이지요? 권력을 위한 투쟁은요?

▶ 이 대답의 힌트는 프랑스어 '푸부아르pouvoir'의 단어 뜻에서 찾을 수 있을 것 같구나. 이 단어는 동사이면서 명사로도 사용되는 단어인데, 이 단어의 뜻을 살펴보면 매우 흥미롭단다.

우선 동사로는 '~할 가능성이 있다', '~할 능력이 있다'를 뜻하기도 하지만 무언가를 할 '권리가 있다'는 의미를 가져. 행동, 행위, 무엇인가를 이루어 낼 수 있는 능력을 가리키지.

두 번째 뜻은 명사로서 '권력'을 의미해. 우리는 자주 권력의 의미를 '소유하는 어떤 사물권력을 갖다, 권력을 쥐다, 권력에 오르다'이나 '얻거나권력을 장악하려 하다, 권력을 얻으려 투쟁하다 잃는 무언가'라고 생각하는 경향이 있어. 하지만 권력은 사물이 아니라 관계란다.

■ 그게 무슨 말이지요?

▶ 그러니까 두 사람이나 두 집단 사이의 관계라는 말이야. 다른 누군가와 맺는 관계라는 거지. 주인과 노예 사이, 명령하는 사람과 복종하는 사람 사이, 다스리는 사람과 다스림을 받는 사람 사이의 관계처럼 말이야.

위의 관계는 일방적으로 한쪽이 절대 권력을 쥐고 있고, 다른 한쪽은 전혀 권력이 없다고 생각하지만 실제로는 그렇지 않아. 이것이 바로 위대한 독일 철학자 헤겔이 주인과 노예^{또는 하인} 사이의 관계에 관해서 말하며 보여 준 사실이란다.

헤겔은 주인은 오로지 자기한테 복종하는 다른 누군가가 있기 때문에 명령할 수 있다고 말했어. 만일 노예나 하인이 복종하기를 멈추면 주인은 권력을 잃는 거지. 그러니까 주인 역시 자기에게 복종하는 사람에게 의존하는 거야. 권력은 바로 이런 파트너 사이의 관계를 의미하지.

■ 그럼 선생님과 학생 사이의 관계도 마찬가지인가요? 부

모와 자녀 사이의 관계는요?

▸ 그건 좀 다르단다! 교사는 학생들이 귀를 기울일 때 비로소 존경받고 자기 말을 잘 전달할 수 있어. 하지만 이때 교사는 권력이 아니라 권위를 행사하는 거란다.

그리고 부모에게는 친권, 즉 부모의 권위라는 말을 쓰지. 우리는 부모를 따르고 부모의 지식과 경험을 받아들여. 왜냐하면 우리보다 나이가 많고 우리는 청소년이기 때문이지. 우리는 자립할 때까지 배울 것이 아직 많기 때문에 부모가 우리를 인도해 주어야 한다는 사실을 인정하고 있어.

교사와 학생의 관계, 부모와 아이의 관계는 권력 관계와 달라. 권력을 행사하는 사람들은 한 가정의 아버지나 어머니, 혹은 학교 선생님과도 다르고, 이미 어른인 시민을 부모가 돌보아야 할 아이라고 볼 수도 없지.

■ 그렇다면 권력이 도대체 어떤 건가요? 그저 사람들 사이의 관계라고 말하는 건 너무 모호한데요…….

▸ 네 말이 맞아. 먼저 우리가 권력하고 자주 혼동하는 지

배, 힘, 폭력, 강제 같은 다른 개념과 권력의 차이점이 무엇인지 살펴보자.

어떤 사람에게 특정한 일을 하도록 강제할 때, 그 사람은 복종할 수밖에 없고 남이 자기한테 강요하는 것에 반드시 동의하지 않더라도 거기에 따를 수밖에 없어. 그 사람한테는 선택의 여지가 없거나 아니면 18세기에 장 자크 루소가 말한 '강자의 권리권리에 근거하여 힘이 만들어지지 않고 거꾸로 힘에 기초하여 권리가 만들어지는 것'라고 부르는 것과 닮은 거짓 선택을 하는 거지. 즉 힘에 의해 자신의 뜻과 다른 행동을 한다는 거야.

숲속에서 강도를 만났다고 치자. 강도에게 죽고 싶지 않아서 가지고 있던 돈주머니를 내줄 수밖에 없었다면? 그걸 권력에 복종했다고 볼 수는 없잖니? 이때 나는 죽을 위험, 즉 나 자신을 방어할 수 없는 폭력을 당하고 있는 거지.

■ 맞아요. 그건 정말이지 내가 원한 선택은 아니지요!

▶ 권력에 동의한다는 건 그 권력이 '정당하다'고 인정하는 거야. 권력이 여러 규칙과 제약을 강요해도 나는 이를 받아들여야 할 의무가 있다고 여기는 거지. 법을 지키고준법 의무,

세금을 내고^{납세 의무} 아이들을 학교에 보내는 일^{교육 의무}이 바로 그런 거야.

이와 마찬가지로 민주주의 사회에서 우리는 나라를 다스릴 사람을 선출하기 위해 투표를 하고, 그렇게 선출된 사람들은 우리의 자유로운 선택으로 권력을 갖게 된 것이니까 그들을 정당하다고 인정하지. 하지만 만일 이 결정이 부당해 보이고 우리가 바라는 것과 일치하지 않는다면 반대한다고 말할 수 있고 사회가 정한 틀 안에서 우리의 자유를 행사할 수 있어. 나중에 살펴보겠지만, 모든 사회와 정치 형태에서 이렇게 할 수 있는 건 아니란다.

■ 그렇다면 정치는 우리가 정당하다고 인정하는 권력이라는 말인가요?

▶ 응. 그렇지. 하지만 그건 부분적인 정의란다. 그 말도 옳긴 하지만 일부만 그렇거든. 만일 네가 말한 그 정의에만 한정하면, 우리는 명령하는 사람과 복종하는 사람 사이의 관계만 강조하게 돼. 마치 권력이 명령과 복종 관계에만 한정된다고 생각할 수 있는 거지. 권력이 그저 지배, 그러니까 다스

리고 다스림을 받는 사람들 사이의 관계일 뿐이라는 듯 말이야. 이럴 때 권력은 위에서 아래로만 행사되는, '어떤 사람에 대한 권력'으로 받아들여져.

■ 그럼 권력은 사람들 사이의 관계만을 의미하는 게 아닌가요?

▶ 우리가 조금 전에 동사 푸부아르에 대해 말했던 것 기억나니? 이 말은 무언가를 이루어 낼 수 있는 능력을 가리는 말이었지. 즉 어떤 권력을 행사한다는 건 곧 행동하는 걸 의미해. 혼자가 아니라 집단으로 말이야. 그리고 함께 행동한다는 건 곧 집단으로 행동한다는 뜻이지.

20세기의 위대한 철학자 한나 아렌트가 이렇게 말했단다. "권력은 본질적으로 종속 관계가 아니다."라고 말이야. 권력은 서로가 합의한 방식으로 함께 행동하는 인간의 능력을 의미해. 어느 한 사람만의 권력이 아니라 '공동'의 권력이지. 누군가가 권력자의 위치에 있다거나 어떤 사람이 권력을 쥐거나 또는 행사한다고 말할 때, 그건 그 사람이 다른 사람들로부터 그들의 이름으로 행동할 권리를 부여받았음을 뜻해.

이런 맥락에서 보면 권력에 대한 정의는 종속적이지 않고 수평적이지. 즉 동등한 사람들 사이의 유대, 관계를 말하는 거야. '~에 대한 권력'이라기보다는 '~와 함께하는' 권력이라는 거지.

■ 하지만 그렇게 되면 앞에서 말했던 권력의 뜻과는 완전히 다르고 심지어는 아예 반대잖아요. 어떻게 그 두 가지 정의가 동시에 함께 어울릴 수 있지요? 게다가 함께 행동하는 권력의 구체적인 예를 잘 못 찾겠는걸요.

▶ 네 말이 맞아. 그게 바로 어려운 점이란다. 실제로 우리는 다스리고 다스림을 받는 상황에 자주 놓이기 때문이야. 그렇다면 사람들이 함께 행동하여 권력을 행사한 역사적인 순간들을 생각해 보자꾸나.

과거 프랑스 혁명기에 사람들이 함께 움직여서 독재적이고 정당하지 않다고 여긴 왕권을 뒤엎은 일이 있었지. 그 이전까지만 해도 소수의 귀족과 성직자들에게 많은 특혜가 주어졌어. 사회의 다수를 차지하는 평민들의 의견은 받아들여지지 않았지. 그래서 루이 16세가 재정 문제로 귀족과 성직자, 평민의 대표자들이 모여 회의하는 삼부회를 소집했을 때 평민들의 의견이 무시되자 프랑스 혁명으로 이어진 거야. 평민의 대표자들은 신분별이 아니라 머릿수 결정을 주장하였고 일부 하급 성직자들의 찬성을 얻어 삼부회를 의회로 탈바꿈시키는 데 성공했어. 이렇게 만들어진 것이 국민 의회로, 나중에는 국민제헌의회로 개칭되었어.

불과 몇 십 년 전에도 집단행동의 사례가 있었단다. 1989년 동독과 서독을 나누고 있던 베를린 장벽이 무너진 일이 바로 그것이지. 이 역사적인 사건은 사람들이 몇 달 동안 지속한 항의와 시위의 결과였어.

물론 집단행동의 과정에서 자주 폭력 사태가 벌어지기도 하지만 항상 그런 것만은 아니란다. 20세기에 미국 흑인들이 시민권을 인정받은 사례는 마틴 루서 킹이 몇 년에 걸쳐 주도한 비폭력 투쟁의 결과였어.

■ 정말 대단해요. 하지만 그런 예는 참 드물잖아요!

▸ 맞아. 하지만 우리는 그런 일들도 있었다는 사실을 알고 있고 또 기억하고 있어. 그리고 그 순간들을 떠올림으로

써 함께 행동하는 자유롭고 동등한 사람들의 '나눔'이라는, 정치의 첫 번째 의미를 되새길 수 있지.

물론 이 의미는 자주 묻히거나 잊히지만 그래도 무척 중요하단다. 우리가 자주 보는 모습, 그러니까 다른 사람에게 행사하고 명령할 권력을 얻기 위해서 투쟁하는 것보다 훨씬 더 중요해.

■ 그런데 우리는 왜 나눔의 뜻을 잊어버리고 종속 관계로만 권력을 떠올리게 된 걸까요?

▶ 그 질문에 답하기 위해서는 정치의 역사를 살펴봐야해. 지금까지 이야기를 나누면서 우리는 정치나 푸부아르 같은 단어의 어원과 고대 그리스인이 정치를 만들었다는 사실, 그리고 그들이 정치에 부여한 의미를 살펴봤어. 물론 우리는 그들과 같은 시대에 사는 것이 아니니 지금은 많은 것이 바뀌었지.

제2장

청소년도 정치를
알아야 하나요?

정치는 인간의 본성 중 일부로,
인간을 인간답게 진보하게 해줘.
그래서 청소년들도 정치를 알아야 해.

경제랑 정치가 무슨 상관이에요?

■ 할머니, 고대 그리스와 비교했을 때 지금의 정치는 많은 것이 바뀌었다고 말씀하셨잖아요. 그러면 가장 큰 변화는 무엇인가요?

▶ 일단 우리는 인구가 훨씬 더 많고 국가의 영토도 훨씬 넓은 사회에 살고 있어. 고대 그리스의 도시국가에 비하면 어마어마하게 큰 나라에서 살고 있지. 그래서 고대 그리스에서처럼 모든 시민이 공공 광장인 아고라에 모여서 나라의 중요한 일을 의논하고 심의해서 결정할 수 없게 되었어.

■ 고대 그리스와 지금 우리 사회는 많이 달라졌네요. 사람들도 많아지고 뭔가 더 복잡해졌어요. 그러니 정치도 달라졌겠지요?

▶ 그래, 네 말이 맞아. 우리 사회는 '근대 사회'란다. 우리는 아테네 같은 작은 도시국가에서 사는 것이 아니라, 더욱 복잡한 정치 체제에서, 조직이 더 복잡한 국가에서 살고 있어. 이 이야기는 나중에 다시 이야기하게 될 거야.

무엇보다 우리는 이제 고대 그리스인이 했던 방식으로 정치와 관계를 맺지 않아. 우리는 정치를 더는 똑같은 방식으로 생각하고 경험하지 않는 거지.

■ 고대 그리스인들에게 정치는 무엇이었나요?

▶ 고대 그리스인에게 정치는 삶에서 가장 중요한 문제였어. 정치 활동은 경제 활동, 그러니까 생계를 이어가는 일이나 개인의 기본적인 욕구를 충족하는 일보다 더 가치 있는 일로 생각됐어.

하지만 고대 그리스에서는 시민이 정치를 할 수 있도록,

그러니까 시민들이 도시국가의 일을 돌볼 수 있도록 그들을 위해 일하고 여러 가지 일을 대신해 줄 노예가 있었다는 사실을 잊지 말아야 해.

또 시민이 너무나 가난해서 일을 제쳐 두고 시민 회의에 참석할 수 없을 만큼 가난하면 출석 수당을 줬지. 제비뽑기로 정한 행정관에게도 수당을 주었어. 그 사람들은 대부분의 시간을 공공의 일을 하며 보내야 했으니까.

잘 살기 위해 정치를 한다고요?

■ 할머니, 그럼 시민이 정치에 참여할 동안 대신 일을 해 줄 노예가 없으면 어떻게 해요? 제 말은 지금 우리들 말이에 요. 지금은 노예가 없으니 우리는 이제 정치에 참여할 시간이 없다는 뜻인가요?

▶ 어느 정도는 맞는 말이야. 우리는 이제 아테네의 시민 처럼 많은 시간을 정치에 할애할 수 없어. 왜냐하면 우리 어 른들은 생계를 유지하고 살아가기 위해서 돈을 벌어야 하고 너희 청소년들은 더 나은 학교생활과 대인관계에 신경 써야

하니까.

고대 그리스인에게 정치는 그야말로 고귀한 활동이었어. 정치를 통해 자아를 실현하고 가장 이상적인 모습을 이룰 수 있었거든.

아리스토텔레스는 인간을 "이성을 지닌 정치적 생물"이라고 말했단다. 그 말은 인간이 선과 악, 정의와 불의를 구분할 수 있는 이성적인 존재라는 뜻이야. 이렇게 인간이 이성을 지니고 있어서 도시국가에서 살 수 있었다는 거지.

■ 사람이 이성을 지니고 있다는 게 도시국가에서 사는 것과 무슨 상관이 있나요?

▶ 인간은 이성을 가지고 있기에 서로 이해관계가 충돌하더라도 이를 넘어서서 사회의 중요한 가치를 공유할 수 있어. 예를 들어 인간은 개인에게 다소의 불이익이 주어지더라도 도시국가 전체의 이득을 위해서 하거나 하지 않아야 할 일에 대해 의견을 한데 모을 수 있지.

인간은 동물과 달리 단지 살아남으려고만 하는 것이 아니라 '잘 살기'를 원한다는 거야. 단지 편하게 산다는 뜻이 아니라 도시국가라는 사회 안에서 자아를 실현하고 행복해지기 위해 산다는 말이지. 이게 바로 고대 그리스인이 '좋은 삶'이라고 부른 것이란다. 이런 의미에서 정치란 최선을 추구하는 것이라고 할 수 있어.

■ 너무 멋진 생각이라 믿기지 않는걸요!

▶ 물론 고대 그리스인이 정치에 대해 생각했던 방식이나, 실제로 정치를 실천한 방법을 이상화해서도 안 돼. 그들은 초인도, 완벽한 존재도 아니었으니까. 하지만 그들은 우리가 오늘날 정치가 무엇인지 깊이 헤아릴 때 알아 두어야 할 기본 개념을 만들어 냈어.

정치는 좋은 삶의 일부인 거지요?

■ 고대 그리스와 오늘날 우리의 정치 상황은 정말 많이 다른 것 같아요. 어째서 이렇게 많이 바뀐 거지요?

▶ 우리가 방금 살펴본 것처럼 고대 그리스인은 인간이 도시국가와 분리될 수 없는 존재라고 보았어. 하지만 우리가 사는 근대 사회는 개인을 중심으로 여기지.

16세기 말에 천문학자인 갈릴레이와 코페르니쿠스의 위대한 발견으로 대대적인 과학 혁명이 이루어졌어. 여기서 과학 혁명은 단지 기술이 발전했다는 정도의 의미가 아니야.

두 사람이 '지구가 태양의 주위를 돈다'는 지동설을 주장하기 전까지, 세상 사람들은 신이 인간과 인간이 사는 지구를 우주의 중심에 두었다고 생각했거든.

하지만 더 이상 우리 인간이 우주의 중심이 아니라는 걸 알게 되면서 세상은 과학적이고 수학적이며 무한한 세계로 바뀌었고, 인간은 과거의 기준을 잃어버렸어. 고대 그리스인이 살던 예전 세상은 사라졌지. 태양이 지구 주위를 도는 것이 아니라 그 반대인 세계가 온 거야.

자연히 인간도 더 이상 중심이 아닌 자연 질서의 한 위치로 편입되면서 이제 정치적 생물로 생각되지 않았어. 그래서 고대 그리스인들이 이상적이라고 여겼던 도시국가는 더 이상 인간이 자신의 자아를 실현할 수 있는 사회가 아니게 되었지. 결국 인간은 살아남기 위해 서로 연합할 수밖에 없는 개인으로 인식되기에 이르렀어.

■ 좀 더 분명히 말씀해 주실 수 있어요? 이해가 잘 안 돼요.

▶ 근대 초기에 인간 또한 자연의 일부라는 생각이 퍼지기 시작하자 사람들은 인간이 어떻게 인간성이나 인간의 '탁월

함'을 실현할 수 있는지에 대해 생각하기를 멈추었어.

대신 '어떻게 서로 분리된 개인들이 함께 사회를 이루어 살 수 있을까' 하는 완전히 다른 질문을 던졌지. 왜냐하면 이제는 개인들이 혹독한 지리와 기후 조건 속에서 언제고 죽을 위험에 처해 있는 각기 고립된 '자연 상태'에서 산다고 여겼거든. 혹은 그런 자연 상태에서 개인들이 살아남기 위해 서로 무자비한 전쟁을 벌인다고 생각했지. 그들에게는 자신들을 통제해 줄 아무런 법도 조직도 없었으니까. 개인은 자신의 욕구와 열정에 완전히 내맡긴 존재라고 여긴 거야. 이것이 바로 17세기의 철학자 홉스가 "만인의 만인에 대한 투쟁"이라고 부른 상태란다.

그러니까 정치를 생각하는 방식이 정반대로 바뀐 거지. 정치는 이제 인간이 자아를 실현하는 고귀한 활동이 아니라, 인간이 안전하게 지내도록 사회 속에서 서로 무리를 지어 살아남는 수단이 되어 버렸어. 외부의 위험뿐 아니라 다른 사람들의 폭력에서 보호받도록 말이야.

■ 이야기를 듣다 보면 정치는 좋은 삶을 살기 위한 수단이었다가, 안전하게 살기 위한 수단이 되는 등, 항상 수단이었던

것 같아요.

▸ 엄밀한 의미에서 정치란 무언가를 얻기 위해 이용하는
도구란 뜻에서의 수단은 아니었어. 정치와 목표는 분리할 수
없고 좋은 삶을 구성하는 일부였거든. 반면에 근대에는 개인
들이 자신의 욕구를 만족시키며 안전하게 살 권리를 보장받
기 위해서 서로 연합해 정치적인 사회를 이루어야 한다고 생
각했지.

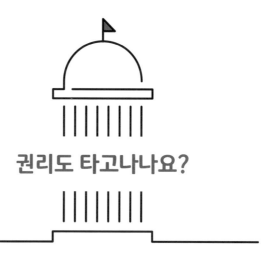

권리도 타고나나요?

■ 어째서 개인들이 서로 따로 떨어져 있다는 거예요? 우리는 모두 개인이지만 동시에 사회에서 함께 살잖아요. 그러니까 우리는 가족, 친구처럼 다른 사람들과 온갖 종류의 관계를 맺고 있어요. 그게 서로 모순되는 건 아니잖아요.

▶ 그건 맞는 말이지만, 이런 관계를 생각하는 데는 여러 방식이 있단다. 바로 여기에서 정치를 생각하는 서로 다른 방식이 생기는 거야.

고대 그리스를 예로 들어보자. 만일 우리가 고대 그리스 사람들처럼 인간이 도시국가 바깥에서는 자아를 실현할 수 없고 정치적 삶이 인간성의 일부를 이룬다고 생각한다면, 개인이 다른 사람과 어떤 관계를 맺거나 사회생활을 하지 않고 외따로 산다는 것은 상상할 수 없지. 아니, 이런 개인을 상상해 볼 수는 있어도 그건 아리스토텔레스가 말하듯 '짐승동물, 하급 인간'이거나 아니면 인간보다 상위에 있는 존재라서 다른 사람을 필요로 하지 않는 '신'일 거야.

이런 관점에서 정치는 우리 인간성 즉 인간의 본성 중 일부라고 볼 수 있어. 정치는 바로 인간성을 이루어 인간이 인간답게 진보하게 해주지.

■ 참 아름다운 생각인데요!

▶ 맞아. 하지만 사람들이 정치에 대해 언제나 그렇게 생각했던 것만은 아니란다. 이번에는 근대 관점에서 이야기를 해 볼까? 근대에는 이런 상상을 했지. 사회란 개인이 모여서 만들어지는 것이니 사회가 없더라도 개인은 존재할 수 있고, 개인은 모두 서로 독립적이며 각자의 욕구와 욕망을 지닌 한편으로 권리도 가지고 있다고 말이야. 자유, 평등, 안전 같은 것

이 바로 그런 권리지.

우리가 앞에서 말한 것처럼 개인은 살아남기 위해 다른 사람들과 서로 연합하는데, 그 이유는 무엇보다 그들이 그렇게 강요받기 때문이지. 이런 조건에서 정치는 인간의 본성이 아니야. 인간은 혼자서도 살아갈 수 있고, 사회적인 관계를 맺기 이전에도 존재하니까.

이렇게 생각하면 정치는 개인의 기본적인 권리를 보장해 주는 기능을 맡게 되지. 그래서 사회 전체보다 개인이 우선시되고, 정치는 개인을 구성하는 요소가 아니게 돼.

■ 이해할 것 같으면서도 여전히 뜬구름 잡는 이야기처럼 들려요. 우리 사회에서 정치는 어떻게 이루어지나요? 어째서 모든 사회는 똑같은 정치 제도를 택하지 않지요? 지금도 나라마다 군주제를 택한 곳도 있고, 민주제를 택한 곳도 있잖아요. 또 전제정치나 독재라는 말도 써요. 둘은 어떤 차이가 있나요?

▶ 그 질문에 답하려면 먼저 정치 형태를 알아보아야 해. 우리가 정치 '체제'라고 부르는 것에 대한 문제로 넘어가 보자꾸나.

제3장

정치의 모양은 참 다양하네요!

서로 다른 정치 형태의 차이를 이해하려면
권력의 행사 방식을 알아야 해.
이 차이는 권력이 어디에서 나왔고
어떻게 조직되었는지, 누가 권력을
나누어 가지는지와 관련이 있단다.

체제가 대체 뭐예요?

▶ 지금까지 우리는 오로지 정치의 개념과 역사에 대해서만 이야기했어. 시대에 따라 달라지는 정의와 해석도 살펴봤지. 이제는 우리 사회에서 실제로 정치가 어떻게 드러나는지 정치 '체제레짐 régime'를 통해 그 다양한 형태를 살펴볼 거야.

■ 체제라뇨? 역사에서 '구체제앙시앙 레짐 Ancien Régime'라는 말은 들어 봤지만, 어째서 이 단어를 사용하는지 설명해 주시면 좋겠어요.

▶ 구체제라는 말은 일반적으로 군주들이 백성들을 지배하던 프랑스 혁명 이전을 가리킬 때 종종 쓰이지.

체제라는 뜻의 프랑스어인 레짐이라는 단어는 정말 흥미로워. 다양한 분야에서 사용되거든. 프랑스어로는 모터의 회전수를 뜻하기도 하고, 식이요법이나 생활 태도, 사람이 살아가는 방식을 의미하기도 해. 그리고 마지막으로 정치 체제, 즉 우리가 한 국가를 조직하고 다스리는 방식을 말할 때도 이 단어를 쓰지. 참고로 네가 방금 말한 구체제라는 단어는 바로 이런 의미에서 사용되고 있어.

■ 같은 단어를 그렇게 서로 다른 뜻으로 사용할 수도 있어요?

▶ 그 모든 의미가 어느 정도 공통성을 지니고 있기 때문이야. 모터의 회전수라는 의미에서 살펴볼까? 모터의 회전은 '움직임'을 생각하게 만들어. 돌면서 앞으로 나아가는 모습을 말이야. 역학, 그러니까 움직임이지.

또 식습관, 식이요법이라는 의미로 사용될 때 이 단어는 태도나 삶을 살아가는 방식, 우리가 자기 자신과 맺는 어떤 관계를 연상시켜.

■ 하지만 그게 정치 체제와 무슨 연관이 있지요?

▶ 사회는 개인들로 이루어진 집단을 어떤 방향으로 이끌어가지. 개인은 그 사회 안에서 서로 다른 습관과 관습, 심지어는 서로 다른 생각을 지니지만 결국 함께 살아가고 있어. 바로 체제 덕분이지. 그렇기에 정치 체제란 단지 지도자가 나라를 통치하는 방식만을 가리키는 것은 아니야. 왕이 나라의 우두머리인 군주제나, 권력이 국민에게 속하고 정부, 의회, 사법부와 같은 기관이 나라를 이끌어가는 민주제 같은 것만 말하는 게 아니라는 뜻이야.

예를 들어 18세기에 '삼권 분립론'을 주장했던 정치사상가 몽테스키외는 체제의 '성질', 즉 체제가 조직되는 방식과 그 '원칙' 또는 '원동력', 즉 체제를 움직이게 만드는 동력을 구분했어.

우리가 아까 이야기한 레짐의 뜻인 역동, 움직임을 여기에서도 다시 찾아볼 수 있지. 서로 다른 체제를 구분하려면 바로 이 두 요소가 어떻게 결합되어 있는지를 알아보면 돼.

체제가 조직되는 방식인 '구조'와 체제를 움직이게 만드는 '역동적인 힘'이 어떻게 결합되어 있는지 말이야.

■ 체제를 움직이게 만드는 힘이라고요? 그 원동력이 뭔데요?

▶ 몽테스키외는 체제를 움직이게 만드는 원동력이, 어떤 집단의 다수가 느끼는 감정이나 특정 목표를 이루기 위한 열정이라고 생각했어.

가령 군주제에서는 귀족과 특권층의 영향력이 강했지. 그들이 많은 권력을 가지고 있었기 때문에 명예를 중요하게 생각했어. 전제정치 체제에서 군주는 많은 사람들로부터 두려움을 샀기에 공포를 효과적으로 이용해야 했고. 하지만 공화제나 민주제에서는 평등, 자유에 대한 사랑이 중요하게 여겨져.

무엇보다 중요한 것은 각 체제가 그에 걸맞은 조직과 기관, 규칙, 법률뿐 아니라, 서로 다른 풍속을 지니고 있다는 사실을 이해하는 거야. 관습, 습관, 가치, 함께 살아가는 방식 같은 것들 말이야.

■ 그 모든 체제의 차이점도 설명해 주시면 좋겠어요. 군주제나 공화제 같은 게 서로 어떻게 다른지 말이에요.

▶ 서로 다른 체제의 차이를 이해하려면 우선 권력이 어떻게 행사되는지부터 알아야 해. 이미 고대 그리스 사람들은 권력이 국민에 의해 행사되는 민주제와 일부 사람만이 통치하는 귀족제, 단 한 사람이 통치하는 군주제를 구분했어.

이 차이는 권력이 어디에서 나왔고 어떻게 조직되었는지, 그리고 누가 그것을 나누어 가지는지와 관련이 있어.

■ 그게 무슨 뜻이죠?

▶ 권력을 가진 사람, 그러니까 통치자나 지도자의 권력이 '어디에서 왔는지'가 중요하다는 거야. 이걸 바로 정당성이라고 부르지. 이미 앞에서 이야기한 바 있지만 무슨 권리로 그들이 다른 사람들을 통치하느냐 하는 거야.

누가 그들이 국가를 통치하도록 허락하지? 민주제에서는 국민으로부터 권력을 부여받는단다. 그러니까 국민이 최고의 권한을 가지지. 바로 국민이 통치자가 가진 권력의 원천이란다.

　군주제에서는 왕이 최고의 권한을 행사하지만, 종종 다른 원천으로부터 자기 권력을 끌어오기도 해. 예를 들면 신권, 그러니까 신의 권력으로부터 말이지. 프랑스의 왕들은 적어도 프랑스 혁명까지는 지상에서 신을 대표하는 사람으로 여겨졌기 때문에 다른 사람들을 지배할 권리가 있었어. 그리고 그 권력을 아버지로부터 아들에게 전수했지. 이게 바로 세습 군주제야.

　하지만 오늘날 민주주의 제도에서는 상황이 완전히 다르단다. 권력을 쥔 위치에 있는 사람들은 바로 주권을 지닌 국민의 이름으로 통치하지.

선거는 어떻게 치러요?

■ 할머니, 왜 국민은 누군가에게 권력을 주기만 하고 직접
통치하지 않지요? 고대 그리스 민주주의처럼 하면 될 텐데요.

▶ 아주 좋은 질문이야. 실제로 근대 민주주의는 고대 민주
주의와 이름은 같지만, 똑같이 이루어지지는 않아. 두 민주주
의의 공통점은 국민한테 주권이 있고 국민의 이름으로 권력을
행사한다는 거야. 하지만 앞에서 말했듯이 오늘날에는 국민이
끊임없이 직접 권력을 행사하지는 않아. 국민이 결정을 내리
려고 광장에 정기적으로 모이지도 않지.

이 점이 지금의 민주주의가 고대 그리스의 민주주의와 다른 점이란다.

■ 하지만 선거가 있잖아요.

▶ 그렇지. 선거! 모든 국민이 투표할 권리가 있는 보통선거는 우리를 대신해서 나라를 다스릴 사람을 뽑기 위해 필요해. 이 사람들은 주권을 지닌 국민을 대표해서 매일매일 권력을 행사하지. 이렇게 국민이 스스로 선출한 대표자를 통해 국가 권력을 행사하는 정치 제도를 대의제라고 한단다.

선거를 통해 국민은 자신들을 대표하고 자신들의 이름으로 행동할 사람들을 선택해. 직접 권력을 행사하지 않더라도, 우리는 권력을 감시하고 통제할 수 있지. 또 그래야만 해.

■ 우리 대신 나라를 다스릴 사람을 뽑았다고 해도, 그 사람들이 항상 우리 뜻대로 움직이는 건 아니잖아요. 그러면 뽑힌 사람들을 어떻게 감시하고 통제하지요?

▶ 그 사람들이 '우리 대신' 다스리는 건 아니란다. 선거로

대표자를 선출했다고 해서 아무 신경도 쓰지 않은 채 그 사람들이 마음껏 다스리도록 놔두는 건 아니야. 우리는 그 사람들을 감시하고, 그 사람들이 하는 일에 동의하지 않을 때는 비판할 수도 있어.

■ 어떻게요? 어떤 방법으로요?

▶ 우리는 대통령 선거만이 아니라 국회의원이나 시장, 지역 대표 등을 뽑는 선거를 여러 번 치러. 이를 통해 동의하지 않는다는 의견을 표현하고 항의할 수 있어. 민주주의에서 여론은 무척 중요하단다. 민주주의 시민은 자신의 의견과 판단, 생각, 관점을 표현하고 지킬 권리가 있거든. 그리고 민주주의는 모든 사람이 동등하게 자기 의견을 표현할 수 있도록 보장해야 하지.

여론이란 개념은 프랑스 혁명의 사상적 기원이 된 18세기 계몽주의 철학에서 생겨났어. 계몽주의 철학은 신의 권위를 중요시했던 중세의 사고방식에서 벗어나 인간의 이성을 중요시했어. 이런 계몽주의 철학의 관점에서 여론은 단순히 모든 사람의 의견을 모아서 합쳐 놓은 것이 아니었어. 사람들이 어떤 사안에 대해 동의하는 점, 동의하지 않는 점을 자유롭게 이야기하고 의견을 나눈 결과 형성되는 거지.

■ 어째서 여론이 사람들의 의견을 합쳐 놓은 게 아니라는 거지요? 조금 더 정확히 설명해 주세요.

▶ 우리가 앞에서 피크닉에 대해 한 이야기가 기억나니? 고대 그리스 도시국가 시대에 아리스토텔레스는 시민들이 다양한 의견을 나누는 일을 피크닉에 비유했지. 서로 다른 의견을 모으면 피크닉에서 다양한 음식을 가져오는 것처럼 더욱 맛있는 식사를 즐길 수 있다고 말이야. 의견을 나누는 일은 이렇게 피크닉과 비슷한 방식으로 이루어져야 해.

여론은 공동의 선을 이루기 위해 권력 당국에 우리가 가야 할 길을 제시하고 제안하는 집단적인 주체란다. 언론과 신문은 이때 무척 중요한 요소지. 언론의 자유와 견해의 자유, 표현의 자유는 민주주의를 살아 숨 쉬게 하는 근본적인 권리란다.

지금 시민들은 자신의 의견을 표현하기 위해 모이고, 청원하고, 블로그를 만들고, 길거리로 나와서 시위하거나 파업을 할 수도 있어. 이를 통해 정부 활동의 방향을 바꾸거나 방해하기도 하지. 정부는 거리로 나온 시민들의 반대나 시위, 파업 때문에 어떤 법을 통과시키는 일을 포기하기도 한단다.

언론 역시 부정한 사건을 폭로해서 정치인이 자기 직위를 내놓게 만들 수 있지. 1972년 미국에서는 워터게이트라는 호텔에 도청 장치를 설치한 사람들이 체포되었어. 조사가 계속되면서 이 도청 장치를 설치한 사람들은 당시 미국 대통령이었던 닉슨과 관련이 있는 것으로 여겨졌지. 언론은 이 사건을 취재하면서 백악관의 평판에 해가 되는 사실들을 대거 폭로했어. 덕분에 이 사건은 세간의 관심을 끌 수 있었고, 뒤이어 이 사건을 조사한 위원회에서는 닉슨 대통령에게 직접 책임이 있다고 결론을 내렸지. 그래서 닉슨 대통령은 사임해야 했단다.

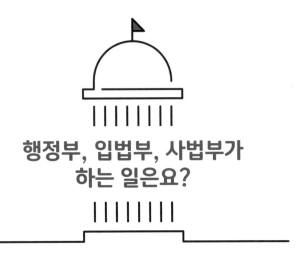

행정부, 입법부, 사법부가 하는 일은요?

■ 그럼 지금 우리 민주주의에서는 사람들이 모여 청원하고, 길거리로 나와서 시위하고, 파업을 하는 방법으로 권력을 통제할 수 있는 건가요?

▶ 그래. 하지만 이런 방법만 있는 것은 아니야. 민주주의에서는 '견제 세력'이라고 부르는 것이 있어야 해. 견제 세력은 일단 선출된 우리 지도자들이 무제한의 절대 권력을 행사하는 것을 막기 위해 법으로 정한 제도란다.

몽테스키외가 주장했던 삼권 분립론을 살펴볼까? 삼권

분립론은 국가 권력의 작용을 입법, 행정, 사법, 셋으로 나눠 어떤 한 사람이나 특정 집단에 쏠리지 않고 서로 견제할 수 있도록 하는 것을 말해.

대통령이 통솔하는 행정부는 법에 따라 일을 처리해. 행정부가 일을 하는 기준이 되는 법은 입법부, 그러니까 의회에서 만들지. 그리고 사법부는 법을 적용하고, 소송이 벌어져 서로 분쟁이 생기면 이에 대한 최종 결정을 내리지.

■ 그게 견제 세력이라는 건가요?

▶ 그래. 하지만 행정부, 입법부, 사법부 외에 다른 견제 세력도 있어. 가령 '헌법재판소'는 이미 공포된 법을 통제하고, 그 법이 헌법에 잘 들어맞는지 확인해. 헌법은 국가의 기본 법칙을 규정하는 최고의 법이거든. 프랑스에서는 행정부가 일을 하는 데 필요한 법의 초안을 입법부에 요청하는데, 이때 법 초안을 준비하기 전에 프랑스 최고 행정법원인 '국참사원Conseil d'État'의 의견을 들어야 하지.

또 2013년에는 예산부 장관이던 제롬 카위자크가 탈세를 저지르고 거짓말을 해서 스캔들이 벌어지면서 '공적 활동의 투명성을 위한 고등기관^{Haute Autorité pour la transparence de la vie publique}'
이 만들어지기도 했어. 이 기구는 중요한 결정을 내리는 정
부 관료나 공직자들이 공동의 이익을 지키도록 감시해. 선거
로 당선된 사람이나 중요한 위치에 있는 정부 관료들이 공동
의 이익을 희생해 가며 개인적인 이득을 추구하는 경우도 많
거든. 예를 들어 많은 돈을 벌거나 혹은 가까운 사람에게 혜
택을 주기 위해서 공직자가 해서는 안 되는 일을 하기도 해.
이 공적 활동의 투명성을 위한 고등기관은 선출된 정치인이
정직한지도 감시한단다. 그 사람들이 세금은 제대로 내고 있
는지, 재산 신고할 때 거짓말을 하지는 않았는지 확인하는
식으로 말이야.

　미국에서는 '연방 대법원'이 법을 통제하고 법에 대해 최
후의 해석을 내리는 기관으로, 법이 헌법에 어긋나지 않는지
결정하지.

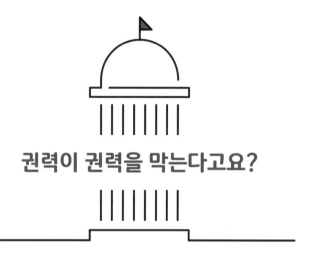

권력이 권력을 막는다고요?

■ 할머니, 그런데 왜 사법부는 행정부나 입법부처럼 권력이라는 말을 쓰지 않고 권위라는 말을 쓰지요?

▶ 왜냐하면 판사는 국민의 '이름으로' 자신의 직무를 수행하지만, 대통령이나 투표로 선출된 국회의원처럼 국민을 '대표하지'는 않기 때문이야. 그래서 판사들에게는 자신의 고유한 권력이 없고, 정치 권력으로부터 독립적이어야 한단다. 이 세 가지 기능은 사회가 균형을 잡을 수 있도록 서로 분리되어 있어야 해.

정부는 입법부의 일을 같이 하면 안 돼. 정부가 자기한테 유리한 법률을 제정하는 부패를 방지하려는 거지. 정부는 또 판사여서도 안 돼. 그러면 정부의 공적 활동을 통제하는 것이 불가능해질 테니까.

이 세 가지 기능은 각각 서로 분리되어 있는 별개의 '기관'에 의해 수행되어야 한단다. 즉 법을 만드는 입법 기능은 의회의 역할이고, 집행 기능은 정부에 의해 이루어지고, 사법권은 법원이 수행하지.

삼권 분립이라는 이 커다란 원칙은 몽테스키외가 처음 말했단다. 권력이 어느 한 사람이나 집단의 마음대로 행사되지 않게 서로를 통제하고 견제할 수 있도록 한 거지. 누군가가 권력을 함부로 사용하지 않도록 하려면 '권력이 권력을 막아야' 하거든. 다른 말로 하면 권력이 권력을 제한한다 이거야. 이것이 바로 균형의 원칙이지.

미국에는 '체크 앤드 밸런스checks and balances'라고 부르는 감시 방법이 있어. 행정부, 입법부, 사법부가 자신의 특권을 남용하지 못하게 억누르는 방식이야. 이 세 기능이 권한을 함께 나누어 갖도록 한 것이지. 그러므로 민주주의에서 권력은 아무에게도 속하지 않는다는 사실을 아는 것이 무척 중요하단다.

■ 권력이 어느 누구에게도 속하지 않는다고요? 권력은 대통령의 것도 아닌가요?

▶ 그래. 절대로 대통령의 것이 아니야. 권력을 행사하는 사람들은 그 자리를 임시로 맡고 있는 거란다. 그 사람들은 백악관 혹은 청와대의 '주인'이 아니라 '세입자'에 불과해. 무엇보다 그들한테는 시민들이 각자 무엇을 하고 생각하고 말하고 들어야 하는지 결정할 권리가 없어. 이것이 바로 옛날 군주제와 크게 다른 점이야.

군주제에서는 왕이 말 그대로 신의 권능과 뜻을 행사할 힘을 가지고 있었어. 17세기 프랑스의 왕이었던 루이 14세는 '신으로부터 권리를 받은' 왕이었고, 따라서 그에게 복종하지 않는 것은 금지되어 있었지. 왜냐하면 루이 14세의 뜻이 곧 신의 법을 표현한 것이었으니까.

오늘날 우리 근대 민주주의에서는 그렇지 않아. 통치하는 사람들은 주권을 지닌 국민으로부터 권력을 부여받고, 이 권력은 정기적으로 시험대에 오르지.

■ 권력이 시험대에 오른다고요? 어떻게요?

▶ 권력은 한 번 주어지면 영원한 것이 아니라, 선거라는 방법으로 정기적인 경쟁을 통해 얻어 내야 하거든. 프랑스에서는 5년마다 대통령과 국회의원을 뽑기 위해서 투표하지. 미국에서는 4년마다 투표하고 대통령의 임기는 딱 한 번 갱신할 수 있어. 한국에서도 대통령의 임기는 5년에 불과해. 그 기간이 지나면 다음 대통령을 뽑는 선거를 하지.

미국의 오바마 대통령은 두 번 선출돼서 전부 8년 동안 미국을 통치했어. 임기를 제한하는 이유는, 대통령이 너무 오랫동안 권력을 지녔다가 그 권력을 다른 집단이 감시하고 견제할 수 없는 영구적인 권력으로 바꾸어 버리는 것을 막기 위해서란다.

■ 하지만 오늘날 아직도 왕국이 있잖아요. 영국이나 스페인, 네덜란드 같은 나라들이 그런걸요.

▶ 유럽의 군주제는 의회 군주제라서 왕이 예전처럼 큰 권력을 가지고 있지 않아. 왕의 권력이 헌법으로 제한되어 있

거든. 이런 나라의 왕들은 대부분 통치에 참여하지 않는단다. 그저 그 나라를 대표하는 역할을 맡지. 이 사람들은 상징적인 기능을 지닌 인물들로 국가가 하나이고 과거에서부터 지금까지 지속되었다는 점을 상징해. 그러니 사실상 이 나라들은 민주주의 국가란다. 국민이 주권을 가지고 있거든. 하지만 세계 어떤 지역에서는 아직도 왕이 실제 권력, 가끔은 절대적인 권력을 지닌 군주제가 존재하기도 하지.

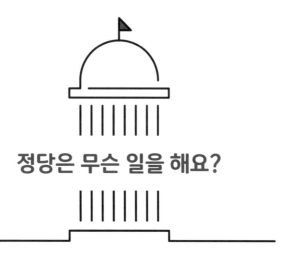

정당은 무슨 일을 해요?

■ 생각해 보니 우리가 이제껏 전혀 이야기하지 않은 게 있어요. 정당 말이에요. 정당은 어디에서 생겼고 무슨 일을 하지요?

▶ 아주 좋은 질문이야! 정당은 보통선거와 함께 발달했어. 선출되는 사람에 비해 투표하는 사람이 너무 많아서, 자기가 뽑을 사람들과 더는 개인적인 관계를 맺을 수 없자 정당이 생겨났지.

투표권이 처음 생겼을 때는 적은 수의 국민만 투표할 수 있었어. 유권자 수가 아주 적었기 때문에 그 사람들은 자신이 선출할 사람들과 개인적인 관계를 맺을 수 있었지. 선출되는 사람은 대체로 그 지역에서 유명하고 '존경받는' 재산가였어. 처음에는 투표하거나 선거에 후보로 출마하기 위한 조건이 아주 까다로웠거든.

프랑스 혁명 초기에 프랑스에서는 국민제헌의회가 '능동적인' 시민에게만 투표권을 줬어. 사흘 동안 일한 가치에 해당하는 세금을 낼 수 있는 사람만 능동적인 시민으로 간주해 투표권을 주었지. 여자와 하인, 가난한 사람, 부랑자들은 '수동적인' 시민이라서 투표권이 없었어. 게다가 국회의원으로 선출되려면 땅을 가지고 경제적으로 여유가 있어서 '납입금'을 낼 수 있어야 했지. 그걸 '납세 유권자 투표'라고 부른단다.

■ 그건 전혀 민주적이지 않잖아요!

▶ 그래, 전혀 민주적이지 않지. 이걸 보아도 알 수 있듯이, 지금 우리가 향유하는 형태의 민주주의가 만들어지고 자리 잡는 데에는 오랜 시간이 걸렸어. 프랑스에서는 1848년에만 21세 이상의 남자에게만 투표권이 주어지는 남성 보통선

거가 생겼고, 1944년이 되어서야 여자도 투표권을 갖게 되었지. 그리고 영국에서는 1918년부터 남성 보통선거가 시작됐고 여성까지 포함하는 진정한 의미의 보통선거는 1928년에나 실시되었지. 한국은 신생 정부여서 1948년 정부 출범 당시 이미 여성에게 참정권과 투표권이 주어졌어. 이렇게 선거권이 더욱 많은 사람에게 주어지면서 정당이 생기기 시작한 거야.

■ 좀 더 자세히 이야기해 주세요.

▶ 보통선거가 생기자 사람들은 더 이상 자신이 뽑을 사람이 실제로 어떤 사람인지 알 수 없었어. 이전에는 개인적으로 친분을 맺으며 어떤 사람인지 파악할 수 있었지만 이제더는 그런 식으로 아는 사람을 선출할 수 없게 된 거지. 그래서 정당의 색깔을 보고 사람을 뽑기 시작한 거야. 정당은 선출될 사람과 투표하는 국민 사이의 관계를 조율하는 매개자 역할을 했어. 정당은 정책을 제시하고 선거 후보자들은 이를 지지하지. 이것을 '정당 민주주의'라고 해. 이 제도는 19세기를 거치며 서서히 자리를 잡았어.

물론 정당이 하루아침에 갑자기 생긴 건 아니란다. 18세기부터 생각이 비슷한 시민들이 모여 만든 단체와 비밀조직, 신문사, 정치 모임이 생기기 시작했지. 여론이 이미 조직화된 거야. 그런데 정당이 생기면서 여론은 더욱 체계를 잡기 시작했어.

■ 하지만 모든 사람이 정당의 당원은 아니잖아요.

▶ 맞아. 하지만 20세기 말 이후 근대에 와서 아주 많은 정치 운동가들과 그 주위로 더 많은 지지자가 모인 정당이 만들어졌어. 이런 당을 대중 정당이라고 불렀지. 노동자, 농민, 중간층까지 포함한 폭넓은 대중 지지를 기반으로 했어.

예를 들어 프랑스에서처럼 독일에서는 20세기 초에 공산당과 사회당이 대중의 정치 생활에서 무척 중요한 역할을 했어. 이 당들은 아주 많은 당원과 지지자들을 동원해서 노동자와 억압받는 사람들, 사회적 경제적으로 부당한 취급을 받는 피해자들의 권익을 옹호했지. 그러면서 사회를 바꾸고 새로운 사회 질서를 만들고자 했단다.

한편 그들에 맞선 '보수주의' 또는 온건주의 정당들이 있었는데, 이 정당들은 있는 그대로의 사회 기능을 유지하고 단단히 다지는, 그리고 아마도 개선하는 것을 목표로 삼았지.

■ 정당은 정확히 무슨 역할을 하나요?

▶ 정당은 주로 두 가지 기능을 해서 정치 생활에 활기를 불어넣어. 국민과 정부 사이의 매개자 역할을 하고, 권력을 쟁취하기 위해 노력하면서 권력을 행사하기도 하지. 정권을 잡지 않은 당을 야당이라고 부르는데, 이들은 자신이 정권을 얻으면 실시할 정책을 소개해. 그리고 정권을 쥔 정부, 즉 여당은 자신을 지지하는 정당들에 기대어 미리 예견된 프로그램에 적합한 정책을 펴지.

민주주의 국가에서는 '다원주의'라고 부르는 것이 사회 곳곳에 퍼져 있단다. 그러니까 서로 다르거나 반대되는 생각과 견해를 대표하는 여러 당이 존재한다는 거지.

■ 정당의 다원주의는 어디에나 존재하나요?

▶ 아니야. 민주제가 아닌 여러 정치 체제, 그러니까 독재

주의나 권위주의 체제는 견해의 다원성을 인정하지 않아. 나치 정권하의 독일이나 파시즘하의 이탈리아, 프랑코가 독재하던 시절의 스페인, 우리가 소련이라고 불렀던 옛 소비에트 연방처럼 하나의 정당만 지닌 체제도 있었단다. 그리고 오늘날 아직도 야당이 금지된 독재체제가 있지.

■ 그런데 정당을 통해 정치에 참여하는 게 문제가 되지는 않나요? 정당의 당원이나 운동가가 아닌 사람은 어떻게 정치와 민주주의에 참여할 수 있지요?

▶ 아주 일리 있는 지적이야. 커다란 정당들의 역할이 오늘날 큰 영향력을 주지 못하고 있다는 사실을 생각하면 더더욱 말이야.

하지만 정당은 단지 정치 생활을 조직하고 구성하는 역할만하지는 않는단다. 정당이 생기면서 정치를 하기 시작한 사람들의 전문화가 더 두드러졌어. 정치가 마치 직업 활동인 것처럼 말이야.

제4장

정치 활동이
직업이 될 수도
있다고요?

고대 그리스 사람들은
정치를 직업이라고 생각하지 않았어.
하지만 대중 정당들이 만들어지면서
전문 정치인들이 생겨났지.

정치 전문가가 생겨났다고요?

■ 할머니, 정당이 생기면서 정치가 전문화되었다고 하셨잖아요. 그러면 정치가 직업이 될 수도 있나요?

▶ 지금은 그래. 고대 그리스 사람들은 정치를 '직업'이라고 생각하지 않았어. 고대 그리스 시대에 정치는 전문화된 활동이 아니었어. 모든 시민이 정치에 직접 참여했으니까.

근대에 와서 사람들이 지도자를 선출하기 시작할 때도 사람은 대부분 직업 정치가가 아니라 널리 알려지거나 유력한 인물이 당선되었어. 그들에게는 이미 사회적 지위와 개인적인 재산, 자기 소득으로 살아갈 수 있는 경제력이 있었거든. 그 사람들은 보수를 받지 않고 자발적으로 자기 직분을 수행했지. 마치 명예직처럼 말이야. 그들이 정치를 위해서 행동한 것은 분명하지만, 그 정치 활동을 통해 돈을 벌지는 않았어. 그러니까 말 그대로 정치를 해서 먹고살지는 않았단다.

그러다가 1848년에 이르러서야 프랑스에서 자기 재산이 없고 서민층에 속한 사람도 국회의 의석을 차지할 수 있도록 '국회의원 수당' 제도를 만들었지.

■ 하지만 그건 좋은 거잖아요! 그런 방법으로 모두가 정치 생활에 참여할 수 있으니까요!

▶ 맞아. 하지만 그게 전부가 아니란다. 왜냐하면 커다란 대중 정당들이 만들어지자 그 커다란 '조직'들을 움직이려면 사람이 필요했거든. 그래서 정당은 월급을 주어 일할 사람을 고용했어. 정당은 이제 유권자를 동원하고, 정치 운동가들을 관리하고, 정책을 만들어 내는 일을 전문으로 하는 회사랑 비슷해진 거야. 이 전문적인 직원들은 정치로 돈을 벌어 살게 된 거지.

오늘날에는 홍보와 여론조사를 담당하는 사람들, 그리고 정치부 기자들 역시 정치 전문가라고 할 수 있어.

■ 그러면 다른 사람들은 어떻게 하지요? 정당에서 근무하거나 정치와 관련된 다른 분야에서 일하지도 않는 사람들 말이에요. 그 사람들은 어떻게 정치에 참여할 수 있나요?

▶ 바로 그게 문제야. 특히 정치가 통치자를 선출하는 일일 뿐이라고 생각한다면 말이지. 그렇다면 정치 전문가 외에는 다들 드문드문 정치에 참여하고, 선거를 하지 않는 나머지 시간에는 공적인 일에 관여하지 않는 게 맞아.

하지만 민주주의를 실천하는 방법으로 단지 투표만 있는 건 아니야. 오늘날 시민은 자신의 의견을 표현하거나 행동할 수 있으며 심지어 그에 대한 책임이 있다는 사실을 이미 살펴보았잖니. 루소가 말했듯이 주권을 지닌 국민이란 법을 공들여 만들 때 어떤 방식으로든 참여하는 국민이란다.

하지만 그게 항상 쉬운 일은 아니야. 앞에서 몇 번이나 말했지만 오늘날 사람들이 정치에 대한 경계심 때문에 뒤로 한발 물러서 있는 태도를 보이는 건 사실이거든.

예를 들어 투표에 기권하는 사람이 늘어나는 것을 보면 이런 경계심을 알 수 있지. 이에 대해 나중에 다시 이야기하겠지만, 이런 태도가 반드시 정치에 대한 무관심을 뜻하지는 않는단다. 이는 민주주의의 실천 방식을 새로 바꾸고, 시민 참여와 활동의 다른 형태를 만들어 내야 한다는 뜻이란다. 왜냐하면 우리가 알고 있는 시민 참여 형태가 더 이상 실정에 맞지 않거나, 경험상 제대로 기능하지 않았기 때문에 기권을 선택한 것이거든.

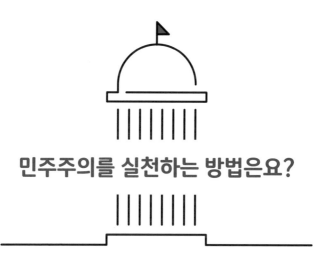

민주주의를 실천하는 방법은요?

■ 할머니, 그러면 방식을 바꿔도 우리는 여전히 민주주의 제도 안에 있는 건가요?

▶ 그래. 몇 가지 기본적인 원칙만 지킨다면 말이지. 표현의 자유, 언론의 자유, 삼권 분립처럼 민주주의가 기능하도록 하는 원칙들 말이야.

앞에서 체제, 그러니까 레짐이라는 단어가 무엇을 뜻했는지 기억해 보렴. 역동성, 움직임. 몽테스키외가 말했듯 원동력을 뜻했지. 민주주의는 고정된 것이 아니야.

민주주의는 사회가 변화하면서 그에 맞춰서 조금씩 달라진단다. 그래서 우리는 사회에 맞는 새로운 방식, 그러니까 민주주의의 전제가 되는 커다란 원칙에 더욱 잘 들어맞고 적합한 행동과 실천 방식을 만들어 낼 수 있단다.

■ 그런데 다른 문제가 있어요. 우리가 선택한 사람들이 정당의 정책을 내세운다고 해도, 우리가 그 사람들을 전혀 모르는 건 아니잖아요. 예전처럼 그런 사람들하고 가깝지 않아도 우리는 그들을 알고 있어요.

우린 정말로 그들이 내세우는 정책 때문에 그들을 선택하는 건가요? 어떤 사람은 다른 사람보다 인기가 더 많잖아요. 또 우리는 흔히 누구를 좋아한다거나 싫어한다는 말을 하기도 해요. 그러니까 그 사람들 자체도 상당히 중요한 거 아닐까요?

▶ 물론 그렇단다. 우리가 그저 이성적으로 냉정하게 투표하는 건 아니니까 말이야. 우리는 어떤 사건이나 사람에 대해 특정한 느낌이나 감정을 받기도 해. 그리고 이때 받은 부당하다거나 불평등하다는 생각이 우리의 마음을 움직이곤 하지.

그건 단지 추상적인 문제만은 아니야. 우리는 사람들이 겪을 수밖에 없는 부당함에 민감해짐으로써 정의를 깊이 생각해 보게 되지. 사회가 정의를 존중하게 만들고 실천하는 방식에 대해서 말이야.

우리는 경제적, 사회적, 문화적 불평등을 보면서 마음이 움직이고, 이를 고치거나 제한하는 정치적인 방법을 찾으려 한단다. 우리는 잘못된 일에 대해 분노와 분개를 느끼고, 반대로 옳은 일, 정의로운 일에서는 열정과도 같은 벅찬 감정과 의지를 느껴.

■ 하지만 때로는 그런 감정이 우리가 올바르게 생각하는 것을 방해하지는 않나요?

▶ 그렇지는 않아. 왜냐하면 그것은 생각의 시작점일 뿐이니까. 우리는 그 단계에서 그냥 만족하거나 멈춰서는 안 돼. 그것만으로는 과감하게 행동에 나설 수 없거든. 그렇다고 아무런 느낌이나 감정을 느끼지 않는 무덤덤한 태도가 더 좋은 것도 아니란다. 그러다 보면 우리는 아예 모든 일에 무관심해지고 무책임해지거든.

다른 사람들을 예민하게 살피고 느낄 줄 알아야 해. 또 함께 교류하면서 서로 같은 생각뿐만 아니라 다른 생각도 표현할 수 있어야 하지. 그게 바로 그 사람들에게 관심을 갖는다는 뜻이야. 정치는 처음에 말했듯이 함께 행동하는 일이기도 하니까.

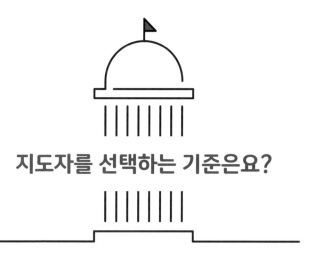

지도자를 선택하는 기준은요?

■ 할머니, 우리는 어떤 기준으로 지도자를 선택해야 하나요?

▶ 정치가 단지 추상적인 사고와 이성적인 계산만으로 이루어지는 것만은 아니란다. 우리가 표를 줄 사람 즉, 지도자를 선택할 때 우리가 그들에게서 받는 이미지나 인상도 영향을 미친다는 사실을 이해해야 해. 그런 인상을 통해 우리는 정치인들에게 신뢰나 존경심을 느끼기도 하고, 매료되거나 반대로 불신하고 혐오감을 느끼기도 하지.

■ 정치인의 '카리스마' 때문에 그런 감정을 느끼게 되는 건가요? 왜 어떤 사람들은 다른 사람보다 더 마음이 갈까요? 어째서 그 사람들은 인기가 더 많지요?

▶ 지금 이 시점에서 아주 적절한 질문이야. 그리고 그 질문은 무시무시한 문제를 제기하기도 하지.

고대 그리스 사람들은 훌륭한 웅변가, 그러니까 연설로 시민들의 마음을 감동시킬 줄 아는 사람이 시민의 결정을 좌우할 수 있다는 사실을 이미 알고 있었어. 그들은 광장에 모인 사람들 앞에서 직접 연설을 했지. 말로 사람들을 매료시키는 방법은 무척 효과적이었단다. 그야말로 집단적인 열광을 불러일으키곤 했어.

이런 방식은 대체로 사람들이 현명한 결정을 하게 만들기도 했지만, 반대로 끔찍한 결과를 부르기도 했어. 고대 그리스의 도시국가인 아테네의 정치가 알키비아데스가 바로 그런 사례야. 그는 카리스마를 발휘해서 아테네 사람들이 시칠리아로 군 원정을 보내게 했어. 그 결과 아테네의 함대가 전부 파괴되는 무서운 일이 벌어졌지.

또 자신의 목적을 이루기 위해서 국민을 감언이설로 꼬드

겨 조작한 '선동가'들도 있었어. 그들은 능수능란함과 빼어난 재능 덕분에 유명해졌지. 그들은 자신만의 매력을 통해 다른 사람들이 자기를 좋아하고 자기에게 헌신하게 했지. 이게 바로 '개인숭배'라고 부르는 것이란다. 그들에게 매료된 군중은 그들의 연설에 푹 빠져들었어. 소련의 스탈린이나 나치 독일의 히틀러, 쿠바의 피델 카스트로가 바로 그런 경우지.

■ 하지만 그 사람들은 독재자였지 민주주의 지도자는 아니었잖아요!

▶ 민주주의 제도에서 개인의 카리스마가 더 이상 중요하지 않다고 생각하니? 오늘날에도 여전히 하늘이 보낸 인물이거나 구원자, 아니면 천부적 재능을 지닌 사람처럼 보이는 그런 지도자가 있어.

예를 들어 프랑스 18대 대통령이었던 샤를 드골은 2차 세계대전 당시 나치 독일에 협력했던 페탱 수상의 비시 정부에게 반대했다는 점, 1940년 6월 18일 라디오 방송을 통해 프랑스의 민중을 향해 대독일 항전을 계속하자고 호소했던 행위가 지닌 상징적인 가치 때문에 프랑스의 영웅으로 여겨졌어.

또 남아프리카 공화국에서 최초로, 그리고 세계에서 최초로 흑인이면서 대통령으로 선출된 넬슨 만델라 역시 도덕적 권위와 용기를 지녔기에 카리스마의 모범으로 보였지. 미국 최초의 흑인 대통령인 버락 오바마도 마찬가지야. 오바마가 대통령으로 선출되었을 때 많은 사람들이 그를 미국의 민주주의를 완전히 바꿔 놓을 특별한 자질을 가진 사람이라고 생각했지. 미국은 많은 인종이 함께 살아가고 있는 나라지만 여전히 백인 우월주의가 뿌리 깊게 박혀 있는 곳이기도 하거든. 2008년에 버락 오바마가 대통령으로 당선되면서 흑인도 정부의 고위직을 맡을 수 있다는 사실이 증명되자 전 세계가 크게 열광했어.

■ 그런 특별한 매력이나 카리스마는 타고나는 건가요? 아니면 고대 선동가들처럼 군중을 매료시키려는 방법을 쓰는 건가요?

▶ 그 두 가지가 섞인 거야. 그 점에서 오바마는 상당히 흥미로워. 그 사람은 지성과 신념의 힘, 차분함이라는 개인의 자질뿐만 아니라 인종 간의 평등을 보여 준다는 점에서 사람

들에게 호감을 불러일으키지.

■ 맞아요. 오바마는 카리스마가 정말 대단했어요!

▸ 그치. 하지만 그 카리스마가 그냥 난데없이 생겨난 것은 아니야. 아주 복잡한 기술을 통해 만들어지고 탄탄해졌지. 바로 우리가 '스토리텔링^{이야기를 하는 기술, 이야기를 만들어 내는 기술}'이라고 부르는 거야.

오바마의 참모들은 대선 후보로 내세워야 할 가치가 무엇인지, 혹은 고쳐야 할 가치가 무엇인지 열심히 연구했어. 그러니까 오바마가 가진 카리스마 안에는 오바마라는 개인의 인격, 신념뿐만 아니라 '시카고에서 사회 활동가로 일하며 체득한, 가난하고 헐벗은 사람들에게 공감하는 능력'과 지적이고 능수능란한 연설 능력이 모두 뒤섞여 있었던 거야.

수사학^{연설하는 기술}은 기법이지만, 거기에 시민을 감동하게 하는 신념이 더해지면 울림이 커지지. 시민의 기대에 답할 줄도 알아야 해. 예를 들어 오바마가 한 말 "예스 위 캔^{Yes we can}."은 대단한 성공을 거두었어. '나'가 아니라 '우리'라고 말함으로써 오바마는 권력이 모든 시민에게 속한 것이라고 말한 셈이었지.

■ 그럼 텔레비전의 역할은요? 선거 때 후보들이 텔레비전 프로그램에 나와 토론하는 모습을 보며 사람들은 그들의 '이미지'에 대해 말해요. 마치 그 사람의 이미지가 그 사람들의 정치적 신념이나 선거에 내거는 공약보다 중요한 것처럼요.

▶ 그건 사실이야. 이미지는 정치적 의사소통에서 매우 중요한 요소 중에 하나란다. 정치가들이 사람들 앞에 나설 때는 매우 신경을 써. 외모부터 옷차림까지 모두 스토리텔링의 일부거든.

신문 역시 정치인의 정치적 행적뿐만 아니라 가족 이야기나 여러 개인적이고 시시콜콜한 이야기들을 소개해. 특히 선거 기간에는 더욱 자주 다뤄.

덕분에 권력을 쥔 정치인들은 사소한 행동과 사실 하나까지 시시콜콜 노출되게 되었단다. 그리고 내 생각에는 그 사실이 그들의 카리스마를 형성하는 데 도움이 되는 것 같지 않아.

■ 왜요? 정치인이 언론에 많이 나오면 더 유명해지고 좋을 것 같은데요.

▶ 권력을 지닌 사람들의 사소한 사실과 행동을 접하다 보면, 그들은 카리스마 있는 지도자보다는 평범한 사람인 우리와 더 가깝게 느껴져. 언론 매체는 그들이 전혀 특별할 게 없고 우리와 닮은 사람이라는 사실을 보여 주려 하지. 실제로 카리스마 있는 정치인이라도 실생활에서는 우리와 별로 다르지 않은 게 당연해. 민주주의에서 모든 사람은 동등한 권리를 가지고 있으니까. 우리는 우월한 존재나 시민보다 높은 위치에 있는 무소불위의 지배자를 선출하는 것이 아니거든.

■ 당연하죠!

▶ 이것이 바로 프랑스의 24대 대통령이었던 프랑수아 올랑드 2012년부터 2017년까지 프랑스의 대통령직을 맡았다가 '보통 대통령'이 되고 싶다면서 했던 말이었어. 그는 카리스마로 사람들을 통솔하기보다는, 검소하고 평범한 사람으로서 대통령의 일을 수행하겠다고 했지. 하지만 올랑드는 이해받지 못했어. 사람들

은 대통령, 즉 프랑스 국민의 이름으로 말하고 행동하는 지도자가 보통 사람하고 비슷할 수는 없다며 항의했단다. 대통령은 일반인처럼 행동할 수 없다는 거지.

이렇게 오늘날 민주주의 지도자는 아주 까다로운 상황에 처해 있단다. 옛날 지도자처럼 신권을 부여받은 존재도 아니고, 개인숭배의 대상이 되는 독재자나 전체주의의 우두머리도 아니지. 그럼에도 불구하고 시민들을 결집할 만한 어떤 특정한 이미지를 보여 주어야 하거든.

■ 아직도 카리스마 있는 지도자가 있나요? 사람들 이야기를 들어 보면 정치가가 잘못했다는 이야기를 많이 해요. 그럼 그런 이유로 사람들이 정치를 비판하고 경계하는 건가요?

▶ 핵심을 찌르는 질문이구나. 지금도 많은 사람들이 그 문제를 지적하지. 하지만 카리스마가 없다는 것이 정치인을 비판하는 유일한 이유는 아니야.

정치인들이 시민의 문제를 돌보지 않고 자기들의 요구에 진정으로 귀 기울여 듣지 않는다고 질책해. 또 정치인 자신의 개인적인 이득을 더 돌본다고 비난하지. 그들에게 가장 중요한 것은 자기 자리와 특권을 유지하는 것처럼 보이거든. 물론 그들은 항상 국가와 국민의 이득을 우선시한다고 말하지만, 사람들은 그 말을 믿지 않고 자신의 경력, 특히 정치인은 자신의 선출이나 재선출에만 관심이 있다고 생각하지.

■ 그 비판이 옳은가요?

▶ 그렇기도 하고 아니기도 해. 이는 정치가 전문화된 결과란다. 이미 말했듯이, 정치는 과거와 달리 직업이 되었고, 정기적으로 선거를 치르기 때문에 후보들 사이에 경쟁이 벌어져. 그래서 시민들은 선거에서 이기는 것이 정치인의 유일한 목표라는 인상을 받는 거야. 사람들은 정치가들이 지키지 않는 약속을 한다고, 진실하지 않다고, 별 소용도 없는 투쟁이나 논쟁을 하며 만족하고, 오로지 권력을 얻어 내는 데만 집중한다고 질책하지.

어느 정도는 사실이야. 그런 비난이 새롭지도 않고. 하지만 더 심각한 문제가 있단다. 정치인이 자신의 선거운동을 위해, 심지어 부자가 되기 위해 공금을 사용해서 '부정직'하다고 비난받는 일이야.

■ 자기 배를 불리려고 시민들의 돈에 손을 댄다는 거죠? 그건 아주 심각한 일이잖아요!

▶ 그래, 이런 부패는 무척 심각한 일이야. 부정직하게 행동하는 정치가는 정치 자체에 대한 믿음을 떨어뜨리기 때문이지. 하지만 사람들이 종종 말하듯 정치가들 "모두가 부패했다"는 건 사실이 아니야.

어떤 사람들은 부정행위를 저지르지만, 공적 활동의 투명성을 위한 고등기관에 대해서 말했듯이 이제는 그런 행위를 보다 효과적으로 감시하는 방법이 있단다.

이런 제도를 제대로 실시하는 일이 아주 중요해. 하지만 많은 정치인이 자신의 역할과 책임을 매우 중요하게 여긴다는 사실을 잊어서는 안 돼. 그 사람들은 정치를 '위해서' 살기도 하거든.

기권하는 것도 정치 참여라고요?

■ 할머니, 사람들은 정치가들이 카리스마가 부족하다거나 부정직하다는 것뿐만 아니라 다른 비판도 해요. 정치가들이 사람들의 어려운 형편을 개선할 능력이 없다고들 말하죠. 실업 문제 같은 것 말이에요.

▶ 맞아, 그게 바로 우리가 정치가들에게 가지는 또 다른 불만이지. 무력하다는 거 말이야. 정치가 사회문제들을 해결할 수 있을지에 대해 사람들은 늘 의심해.

실업이 그 대표적인 문제지. 공장이 문을 닫거나 노동력이 더 싼 다른 나라로 이전하는 것을 막지 못하고 있잖니. 그러다 보니 많은 사람이 지도자의 권력은 무척 제한되어 있고, 세계화나 금융, 경제처럼 절대적인 힘을 지닌 장벽에 부딪친다고 말해. 그래서 다들 어느 정치인이나 거기서 거기라고 평가하는 거야. 권력을 쥐는 정당들 사이에, 우익과 좌익 사이에, 서로 다른 정책 사이에 더는 아무 차이가 없다고 말이지.

이런 상황에서 정치에 관심을 두는 게 무슨 소용이 있겠니?

■ 그건 제가 처음에 드린 질문이잖아요! 그럼 할머니는 그 사람들 말이 맞다고 생각하세요?

▶ 아니, 나는 그렇게 생각하지 않아. 오늘날 상황이 몹시 어려워서 아무것도 할 수 없는 것처럼 느껴지는 건 사실이야. 하지만 그런 어려움에도 체념하지 않는 사람이 많단다.

사람들이 정치인과 정치인이 제시하는 정책이 시시하다고 아쉬워한다는 건 바로 그들이 정치에 대해 다른 것을 기대하고 있다는 뜻이야.

사람들은 시민의 의무라고 생각해서 혹은 습관적으로 계

속 투표를 하지만, '어쩔 수 없이' 투표하는 것을 점점 견디기 힘들어한단다. 자기 뜻에 맞는 사람이나 정책을 지지하는 것이 아니라, 자신이 전혀 원치 않는 정당이 권력을 쥐지 못하게 반대하려고 투표하는 일을 말이야.

■ 그래서 사람들이 선거 때에 어느 한 후보에게 투표하지 않고 기권하는 건가요?

▶ 그렇단다. 몇 년 전부터 기권율이 크게 올라가고 있어. 그런데 기권을 한다고 해서 그 사람들이 수동적이거나 정치에 관심이 없고 투표일에 낚시하러 가는 게 더 낫다고 생각하는 건 아니야.

기권하는 사람은 이유가 있어서 일부러 그러는 거야. 선거 때 이런저런 정당이나 방향, 경쟁하는 정치인 중에서 하나를 선택하는 것을 거부하는 거지. 가끔 사람들은 정치 체제가 작동하는 방식을 거부하려고 투표에 참여하지 않기도 해. 예를 들어 지금의 프랑스 정부인 제5공화국이 너무 '대통령 중심적'인 체제라서 행정부에 너무 많은 권한을 준다는 이유로 투표하지 않는 사람들이 있지.

■ 알겠어요. 하지만 기권하는 것이 무슨 소용이 있나요?

▶ 가령 프랑스의 현재 시스템에서는 대통령 투표 결과를 집계할 때 기권표는 무시해. 백표하얀 표, 투표함에 빈 봉투를 넣는 것이나 무효표투표용지가 찢어졌거나 메모가 되어 있어서 무효일 때. 아니면 한 봉투에 여러 투표용지가 들어 있는 것도 무시하지. 장부에 기재는 하지만, 투표 결과를 따질 때는 선거 규칙에 들어맞는 표만 기록해. 이렇게 선거 규칙에 맞게 제대로 기표된 표를 유효표라고 불러.

또 우리가 반드시 투표해야 하는 건 아니야. 투표는 권리이자 시민의 책임이지만 의무 사항은 아니란다. 일부 나라에서는 기권을 벌금으로 처벌하기도 해.

■ 제가 여쭤본 게 바로 그거예요. 무효표가 집계되지 않는다면 기권하는 것이 아무 소용이 없잖아요!

▶ 기권표를 투표 결과에 반영하는 것은 아니지만, 그래도 거기에는 의미가 담겨 있다는 걸 이해해야 한단다. 그게 무관심의 표시든 일부러 한 선택이든 기권표는 '대의 민주주의'가 위기에 처했다는 사실을 보여 주거든. 시민이 자신들

을 대표하도록, 그러니까 선출한 사람에게 자신들의 목소리를 대변하도록 책임 지우는 시스템이 위기에 처했다는 사실을 말이야.

기권율이 높으면 그 이유가 무엇이든 간에 투표하는 인구 비율이 낮아지고, 그래서 투표로 선택한 권력이 그만큼 덜 정당하다고 생각될 수 있어. 그 탓에 어떤 경우에는 아주 위험한 결과를 낳기도 한단다. 시민의 대다수가 원치 않는 사람이 투표를 통해 지도자로 선출되기도 하거든. 하지만 일단 선거를 치르고 나면 때는 너무 늦지!

다시 한 번 말하지만 이건 매우 복잡한 문제란다. 기권이 반드시 정치에 무관심하다는 뜻은 아니야. 그건 시민들이 더욱 '비판적'이 되었고, 자신의 의견을 표현하고 참여하고 결정에 영향을 미치는 새로운 방식을 찾고 있다는 뜻이기도 해. 하지만 표현하고 참여하는 이런 새로운 방식이 실제로 결정에 영향을 미칠 수 있어야겠지.

새로운 참여 방식이 필요해요!

■ 할머니, 그러면 어떻게 정치에 참여하라는 거예요? 지금 이야기한 대로라면 투표할 때 말고는 우리가 정치에 참여할 수 없는 것 같아서요. 다른 참여 방식은 없는지 알려 주세요.

▶ 시민은 더욱 적극적으로 공적인 생활에 참여할 수 있어. 지방 정치나 지역 행정구역 수준에서는 이미 그렇게 하고 있단다. 예를 들어 시장에게 자문 역할을 하는 구역 위원회가 있어. 이 구역 위원회는 주민의 협의가 반드시 필요한 도시에 관한 일이나 도시 계획에 개입한단다. 이것을 '근린

민주주의'라고 불러. 어떤 경우에는 제비뽑기 제도를 사용하기도 하지. 구역위원회에 참여하는 일부 사람들을 제비뽑기로 뽑는 거야.

■ 저는 제비뽑기가 완전히 사라진 줄 알았는데요!

▶ 여러 실험적인 방법이 제안되었고 심지어 대규모로 이루어지기도 했어. 가령 캐나다의 브리티시컬럼비아 주에서는 제비뽑기로 선출된 사람들이 1년 동안 일해서 새로운 선거법을 제안했고 이를 국민투표에 부쳤단다.

아이슬란드의 경우에는 2008년에 은행들이 파산하는 일이 속출하자, 제비뽑기로 선출된 커다란 두 부류의 사람들이 새 출발을 하고 새로운 헌법을 제정할 방법을 논의했지.

■ 어째서 국민투표로 시민의 의견을 묻지 않는 거지요?

▶ 그건 좀 다른 일이란다. 미리 던진 질문에 대해 국민투표로 시민의 의견을 직접 물으면 시민들은 "예"나 "아니오"로 대답하지. 시민들은 투표에 앞서 주어진 문제나 제안을

토의하지 않아. 더욱이 어떤 정부가 국민투표를 하자고 제안하면 시민들은 주어진 문제 자체에 대해 의견을 표출하기보다는 현재 정권을 쥔 정부의 전반적인 정책을 승인하는지 아니면 거부하는지에 대해 의견을 나타내는 경향이 있단다.

무엇보다 국민투표를 하면, 국민에게 직접 물어본다는 핑계로 국민에 의해 선출된 의회의 역할을 슬쩍 덮어 버리면서 국회가 계획안을 미리 준비하고 이를 논의하는 과정을 건너뛸 수도 있어. 심각한 주제에 대해 투표하기 전에 해야 할 조사와 분석을 하지 않는 거야.

국민투표를 하려면 우선 중요한 결정을 내려야 하는 시민들에게 꼭 필요하고 정확한 정보를 제공해야 해. 스위스에는 정기적인 투표 시스템이 있는데, 시민은 투표에 앞서 무척 많은 정보를 제공받아. 하지만 이때에도 그들이 자신들에게 주어진 정보만 가지고 결정을 내리는 건 아니란다.

■ 그럼 더 나은 방법이 있나요?

▶ 이미 존재하는 기관들이 더 잘 기능하게 만드는 방법이 있지. 예를 들어 겸직을 허용하지 않거나, 공간적, 시간적으

로 권한을 제한하는 거야. 그렇게 해서 현실과 점점 더 멀어져 가는 정치 전문가와 시민들 사이의 간격을 좁힐 수 있지.

■ 조금 더 구체적으로 설명해 주세요.

▶ 예를 들어 프랑스에서는 하원의원이면서 동시에 상원의원이 될 수 없고, 하원의원이면서 유럽의회의원이 되거나 장관이면서 의원이 되는 것이 금지되어 있어. 2017년부터는 규정이 더욱 엄격해졌단다. 이제 더는 상원의원 또는 하원의원이면서 동시에 지방 행정부의 직, 그러니까 시장이나 지역의회의 장이 될 수 없어.

기간을 제한한 중임 제도도 있단다. 몇 년 동안 선출직을 수행할 수 있느냐 하는 것이지. 이는 앞에서 이미 이야기 나눴기에 알고 있을 거라고 생각해.

제5장

민주주의가
해답인가요?

수학처럼 정답이 있는 건 아니지만
공동의 이익을 위한 목표를 세우고
방향을 정한다면
언제나 해결책을 찾을 수 있단다.

민주주의는 왜 비판받나요?

■ 정치는 무척 복잡한 것 같아요. 정치에 여러 가지 의미가 포함되어 있어서가 아니라, 하나를 해결해도 계속 다른 문제가 생기니까요. 어떤 질문에 답을 들으면 다른 질문이 뒤따라 떠올라요! 정답이 없는 것처럼요.

▶ 그래. 몹시 어렵겠지만 정치에서는 수학 문제의 답을 구하듯 해답을 찾아낼 수 없다는 사실을 이해해야 해. 정치는 계산이 아니야. 정치는 현실에 작용하지. 그리고 자주 예측하지 못한 일이 벌어진단다. 우리가 생각지도 못한 사건이

생겨서 어려운 결정을 내리게 만들고, 가끔은 우리가 가던 방향을 바꾸게도 해. 그리고 정치는 우리 공동의 삶을 조율하기 때문에 생각만으로는 할 수 없어. 우리가 어떤 현상이나 정치인에게 느끼는 감정도 큰 영향을 미치지.

함께 살아간다고 해서 우리의 의견이 항상 일치하는 건 아니야. 오히려 의견이 일치하지 않을 때 서로 이야기를 나누며 합의에 이르는 과정이 더 흥미롭고 풍요롭지. 하지만 이렇게 합의를 이루었다 해도 모두를 만족시키기는 힘들 거야. 그래도 우리가 특정한 근본적인 가치에 대해서만 동의한다면 서로 다른 신념과 생각, 입장을 가지고도 함께 살아갈 수 있단다.

■ 그렇다면 좋은 정치 시스템은 절대로 이룰 수 없다는 말인가요? 모두를 만족시킬 수 없기 때문에 가장 훌륭한 정치 체제처럼 보이는 민주주의가 그토록 비판받는 건가요?

▶ '좋은' 정치 시스템이라고 해서 완벽할 수는 없어. 그리고 정치는 모든 문제를 해결해 주지 않지. 민주주의가 많은 비판을 받는 건 사실이야. 항상 그래 왔지. 이미 고대 그리스

의 철학자 플라톤은 국민이 무지하고 열정에 눈먼 군중일 뿐이라고 여기고, 이런 국민이 중요한 결정을 내릴 수 있다는 사실을 인정하지 않았단다.

민주주의는 자주 비슷한 이유로 공격을 받았어. 보통선거제도가 처음 실행되었을 때, 어떤 사람들은 모든 표가 가치 있는 것은 아니고 모든 사람의 능력이 동등하지는 않다며 이 제도를 비판했지. 여자의 투표권에 반대하느라 내세운 논거 중에 하나가 바로 여자가 자기 남편을 맹목적으로 따라 투표하리라는 것이었는데, 그야말로 여자가 전혀 독립적으로 생각하지 못한다고 여긴 증거지!

기억해 보렴. 우리가 이미 이런 종류의 반론에 답을 했잖니. 시민들이 깊이 생각하고 자기 판단을 실천하기 위해서 반드시 전문가일 필요는 없다고 말이야. 하지만 오늘날 민주주의를 비판하는 이유는 그런 것이 아니란다.

■ 그럼 무엇 때문에 민주주의를 비판하는 건가요?

▶ 가장 큰 이유는 약속을 지키지 못하기 때문이야. 정치가들이 현실과 유권자들로부터 단절되어 있고 모범을 보이

지 못할 뿐 아니라, 민주주의가 제대로 작동하지 않는다는 거야. 사람들 말마따나 민주주의는 실업과 같은 중요한 문제를 제대로 해결하지 못해. 경제적인 측면과 사회·문화적인 측면에서 모두 불평등이 커지고 있지.

실제 저소득층이 늘고 있으며 점점 더 많은 사람이 의료 서비스와 문화, 공공 서비스를 평등하게 접하지 못하고 있단다. 시골의 작은 마을에서는 학교와 우체국이 문을 닫고 소규모 상인이 사라지고 있어. 이론적으로 모든 시민은 똑같은 권리를 누리지만, 이를 똑같은 방식으로 행사하지는 못하고 있는 거지. 그래서 오늘날 우리는 외국 여행을 가고 바깥세상과 교류하며 풍요로운 삶을 누리는 사람들과, '길가로 밀려난' 사람들 사이의 사회문화적 단절을 강조하는 거란다. 후자의 사람들은 소외되고 고립되고 버려졌다는 인상을 받고 두려움과 좌절감을 느끼지. 그 사람들은 미래를 긍정적으로 내다볼 수 없어. 그들에겐 그 어떤 희망도 없지.

■ 그건 너무 심각한 상황이잖아요!

▸ 그렇단다. 그리고 바로 이런 어려움과 고통을 바탕으로

오늘날 두려움과 소외감을 이용해 민중을 선동하는 움직임이 생기는 거야. 그런 선동 때문에 어떤 사람들은 모든 문제가 일자리를 가로채고 국토를 차지하며 불안을 일으키는 외국인과 이민자의 탓이라고 믿지. 그래서 문을 닫아걸고 우리끼리 지내야 한다고 주장하는데, 이건 더욱 메마르고 가난해지는 길이란다. 더욱이 민주주의가 테러 행위의 대상이 되면서 이런 선동의 움직임이 더욱 커지고 있어.

■ 이는 민주주의가 허약하며 위협받을 수도 있다는 말인가요?

▶ 그래, 확실히 그렇지.

사실 지금까지도 세계 곳곳에서는 독재체제나 권위주의 정권하에서 살아가는 사람들이 민주주의를 쟁취하기 위해 투쟁을 벌여 왔어.

스페인에서는 40여 년 간 군림해 왔던 프랑코의 독재체제에서 1975년에야 겨우 벗어날 수 있었어. 포르투갈에서는 살라자르가 구축한 권위주의 체제가 1974년에 카네이션 혁

명청년 장교들이 주축이 되어 살라자르와 그의 군사정권을 몰아내고자 일어난 혁명에 시민

들이 카네이션을 달아 지지하는 마음을 표현한 데서 유래으로 끝났지. 1989년에 동독과 서독을 나누던 베를린 장벽이 무너진 일에 대해서는 이미 이야기했고. 2010년 12월부터 2011년 1월까지 튀니지에서 벌어진 민주화 운동은 벤 알리의 권위주의 체제를 무너뜨렸단다.

하지만 이렇게 많은 희생을 치르고 얻은 민주주의가 항상 긍정적으로 비추어지는 것만은 아니야. 민주주의가 수 세기 전부터 단단히 자리 잡은 것처럼 보이는 나라에서는 오히려 사람들이 불만족스러워하고 실망하는 일이 자주 생긴단다.

민주 독재는 위험해요!

■ 민주주의가 자리 잡혔는데 오히려 사람들이 불만족스러워한다니 정말 이상한 일이네요. 민주주의를 이루기 위해 그렇게나 투쟁을 했는데, 정작 이루고 나면 만족하지 못한다니 말이에요!

▶ 바로 그거야. 하지만 왜 그런지 이유를 생각해 보아야 해. 민주주의가 우리의 모든 문제를 해결해 주기를 기대하지만, 그것이 유지되려면 시민이 끊임없이 활동해야 해. 민주주의는 적극적이고 책임감 있는 시민을 요구한단다.

민주주의는 단지 법에 의한 통치만을 뜻하는 것은 아니야. 물론 공권력은 반드시 규칙으로 통제되고 제약되어야 하지. 삼권 분립과 헌법 존중에 대해 우리가 살펴본 게 바로 그 점이야. 하지만 그것만으로는 충분하지 않고, 선거만으로 모든 것이 보장되는 건 아니란다.

히틀러를 예로 들어 볼까? 히틀러는 무시무시한 독재자였지만, 처음에는 합법적인 선거를 통해 국가사회주의 독일 노동자당 일명 나치당이 다수파가 되면서 1933년에 권력을 쥐었어. 어떻게 그런 일이 가능했는지 우리는 이미 알고 있지.

독일이 1차 세계대전에서 패하면서 승전국들은 베르사유 조약을 통해 독일에 어마어마한 배상금을 요구했어. 또 1929년에는 경제 대공황이 일어났지. 이렇게 경제적으로 힘겨운 상황에서 나치당은 베르사유 조약을 거부하고 강력한 독일 건설을 내세워 민중의 마음을 사로잡았어. 반면에 이를 견제해야 할 다른 정당들은 서로 단결하지 못했고, 허약했던 당시 정부인 바이마르 민주공화국은 그 상황을 제대로 통제하지 못했어.

■ 그런 상황이 오늘날 다시 벌어질 수도 있을까요?

▶ 불가능하지는 않단다. 오늘날 타락한 형태의 민주주의가 발달하고 있어. 이런 체제는 적어도 처음에는 형식적으로 민주주의의 모습을 띠지만 실제로는 민주주의를 무너뜨리고 있어.

■ 그게 무슨 말이지요?

▶ 그런 체제에서 지도자는 선거를 통해 합법적으로 권력을 얻어. 하지만 그런 다음에 그들은 "국민에게 발언권을 되돌려준다"고 주장하면서 자신을 위협할 수 있는 엘리트층을 공격하고, 견제 세력에게 재갈을 물리며, 야당을 금지하고, 헌법을 수정해. 선출된 대통령이 제약을 받지 않고 다시 선거에 출마할 수 있도록 말이야.

러시아에서 약 15년 간 대통령 자리를 유지하고 있는 푸틴이나, 헌법 개정을 통해 의원내각제를 대통령제로 전환하고 16년 넘게 장기 집권을 하고 있는 터키의 에르도안이 대표적인 예지.

사람들은 이런 변종 정치 체제를 일컫는 '민주 독재'라는 말을 만들어 냈어. 또한 겉으로는 의회가 있어서 지도자가 선출되고 민주적인 절차가 존중되지만 견제 세력이 구속당하고 권력의 균형이 위협에 처한 정치 시스템을 가리켜 '반자유주의적 민주주의'라고도 한단다.

행정부가 검사와 판사를 임명해서 사법권의 독립성을 침해하는 경우도 있어. 입법부에 의한 통제를 제약하거나 막으려 하는 거지. 그 결과 원래는 법을 제안하고 수립해야 할 의회는 모여서 정부의 결정을 기록하기만 한단다. 요컨대 지도자들은 일단 선출되면 모양새는 갖추지만, 제약을 받지 않고 통치하려고 온갖 수단을 다 쓰는 거지.

■ 그런데 민주주의가 그렇게 쉽게 독재정치로 흘러갈 가능성이 높다면 앞으로 계속 유지될 수 있을까요?

▸ 나는 그러기를 바라. 민주주의를 지키고 우리 권리를 지키기 위해서는 개인의 자유, 모든 시민의 표현과 견해의 자유를 보장하는 민주주의 제도가 어떻게 작동하는지 아주 주의 깊게 지켜보아야 해. 그리고 견제 세력이 효과적으로 잘 기능해야 하지. 하지만 그것만으로는 충분하지 않아. 무엇보다 시민이 자신의 책임을 잘 인식하고 있어야 한단다.

민주주의를 위협하는 위험 중 하나가, 시민들이 현재 이루어지는 정치에 낙담하고 실망해서 아무 약속이나 늘어놓는 선동가 같은 사람에게 아예 공동의 일을 맡겨 버리는 거야. 사람은 위기나 변화에 놓이면 주체적으로 생각하기보다는 누군가에게 의지하고 그 사람만을 따르고 싶은 마음이 강해지거든.

세계화가 민주주의를 위협한다고요?

■ 할머니는 민주주의가 위협받고 있다고 생각하세요?

▶ 응, 나는 그렇다고 생각해. 오늘날에는 정치가 세계화와 같은 전례 없는 상황에 대처해야 하기 때문이지. 세계화는 사회적, 경제적 측면에서 상호 교류가 증가하고 여행도 자유롭게 다닐 수 있다는 점에서 좋은 효과도 있지만 나쁜 효과도 있어. 세계화가 제공하는 기회를 잡을 줄 아는 부자들은 더욱 부자가 되고, 경제·사회·문화적인 수단을 가지지 못한 가난한 사람들은 점점 더 가난해져서 두 집단 사이의 간

격은 날이 갈수록 벌어지고 있거든.

이런 관점에서 본다면, 세계화는 불평등을 악화시키고 가난한 이들을 더욱 힘들게 해. 여기서 문제는 인간과 상품, 자본의 이동을 정부가 완전히 통제할 수 없다는 데 있어.

■ 어째서죠?

▶ 다국적 기업^{여러 영토에 걸쳐 생산하고 여러 나라에 자회사를 가진 기업}은 이윤을 극대화하기 위해 노동력이 더 저렴한 나라로 공장을 옮기기도 해. 그런데 이렇게 기업이 외국으로 공장을 옮기면 국내에서는 실업자가 늘어나고 경제적 불안정이 심해지지. 이런 현상 전체를 국가가 통제할 수는 없단다. 한 곳으로 편중되는 부를 다시 나누고 임금 노동자가 사회 보장을 받을 수 있도록 기준과 규칙을 정해서 문제를 해결하는 수밖에 없지.

어떤 면에서 보면, 이런 과정은 정부의 통제를 완전히 벗어나려는 경제 주체에 맞서 정치적 견제 세력을 세우는 일이라고 볼 수 있지.

■ 기업의 활동은 정치적 영역이 아니라 경제적 영역이라는

거죠? 그런데 그게 어떤 점에서 민주주의를 위험하게 하나요?

▶ 이런 통제가 없으면 정치는 아무 의미도 소용도 없어. 우리가 앞에서 이야기했듯이 모두가 함께 잘 살기 위해 정치를 하는 거니까 말이야. 이를 위해 정부는 이런 불균형한 상황에 개입해서 노동, 건강, 에너지, 천연자원을 누리는 일, 교육과 같은 기본적인 가치들이 공동의 재화이며, 경제적인 경쟁에 맞서 보호해야 한다는 사실을 일깨워 주려 노력해.

또 민주주의는 자유와 평등뿐 아니라 연대 또한 실천해야 해야 해. 오늘날에는 시민과 단체들이 이런 생각에 동의하고 정치가 경제에 종속되는 것을 막기 위해 활동하고 있단다.

■ 세계화가 불러오는 또 다른 위험이 있을까요?

▶ 응, 무엇보다 두려움이 있지. 미래에 대한, 그리고 다른 사람들에 대한 두려움 때문에 사회가 폐쇄적으로 흘러가는 경우가 많아.

우리는 고립되고 돈이 없고 경제적으로 불안정한 상태에 놓이면 놓일수록 외부에 맞서서, 그러니까 세계화의 경우에는 외국에 맞서서 자국의 문을 꼭 닫아걸고 자국민끼리 지내는 게 더 낫다고 생각하는 경향이 있어. 우리가 아까 말한 그 선동가들은 이러한 두려움과 불안감을 키우고 이용하지. 그 사람들은 우리가 우리끼리만 지내고 외국인을 혐오하는 태도를 보이면 상황이 나아질 거라고 믿게 만들면서, 진짜 사회적 문제에 대해서는 답하려고 하지 않아. 이건 민주주의가 수호하는 다원주의를 저버리는 일이란다. 정당의 다원주의뿐만 아니라 더불어 살아가야 하는 서로 다른 개인들의 다양성을 말이야.

오늘날 민주주의가 해야 할 일은, 세계화로 곤란한 상황에 처한 사람들을 돌보는 일이야. 그들의 요구를 중요하게 여기고 그에 답하려고 시도해야 하지.

할머니, 그래도 민주주의예요?

■ 알면 알수록 정치에서는 해답이 없는 것 같아요. 기운 빠지는데요~.

▶ 정치에 수학처럼 정답이 있는 건 아니지만, 해결책은 있단다. 공동의 이익을 위한 목표를 세우고 방향을 정하는 것이지. 물론 성공할지 장담할 수는 없지만 그래도 시도해 보는 거야. 그리고 쉬지 않고 그 길을 가야 하지. 정치는 끝이 없는 일이니까.

프랑스를 예로 들면, 오늘날 민주주의가 맞닥뜨리는 모든 어려움에 대한 해결책을 아직 찾아내지는 못했어. 경제적인 어려움도 많지만 그 밖의 다른 문제도 많거든. 문화적 불평등, 모두가 똑같이 교육 받지 못하는 현실, 직업, 문화와도 연결된 어려움이 있어.

이 상황은 반드시 개선해야 해. 왜냐하면 교육은 근본적인 문제니까. 교육은 단지 지식만 전달하는 일이 아니란다. 시민의 자질을 구축해 주지. 교육을 통해서 우리는 민주주의가 항상 다시 시작하는 것, 새로 만들어 내야 하는 것이라는 사실, 그리고 시민도 그 일을 해야 할 책임을 지고 있다는 점을 이해하게 돼. 이건 엄청난 에너지와 끈기를 요구하긴 하지만, 기운 빠지는 일은 전혀 아니란다!

지금까지 정치의 역사부터 민주주의까지
쉽고 재미있게 살펴보았어.
정치가 조금은 가깝게 느껴지니?

이 책의 내용을 다 이해하지 못해도 괜찮아.
정치의 주인은 바로 너희라는 걸
깨닫기만 해도 충분하단다.

청소년이 정치를 꼭 알아야 하나요?

초판 1쇄 발행 2019년 9월 30일
초판 3쇄 발행 2022년 1월 10일

지은이 미리암 르보 달론 **옮긴이** 이정은 **펴낸이** 김종길 **펴낸 곳** 글담출판사

기획편집 이은지·이경숙·김보라·김윤아
영업 김상윤·최상현 **디자인** 박윤희 **마케팅** 정미진·김민지 **관리** 박지웅

출판등록 1998년 12월 30일 제2013-000314호
주소 (04029) 서울시 마포구 월드컵로 8길 41
전화 (02) 998-7030 **팩스** (02) 998-7924
페이스북 www.facebook.com/geuldam4u **인스타그램** geuldam
블로그 http://blog.naver.com/geuldam4u

ISBN 979-11-86650-81-3 (43340)
* 책값은 뒤표지에 있습니다.
* 잘못된 책은 구입하신 곳에서 바꾸어 드립니다.

만든 사람들 ─────────
편집진행 이경숙 **디자인** 책은우주다

글담출판에서는 참신한 발상, 따뜻한 시선을 가진 원고를 기다리고 있습니다.
원고는 글담출판 블로그와 이메일을 이용해 보내주세요. 여러분의 소중한 경험과 지식을 나누세요.
블로그 http://blog.naver.com/geuldam4u **이메일** geuldam4u@naver.com